L'ECOLE DES PÈRES.

Par N. E. RETIF DE LA BRETONE.

Tome Second.

Forme ton Fils comme ta Femme voudrait qu'on t'eût formé : Élève ta Fille comme tu voudrais qu'on eût élevé ta Femme.

EN FRANCE,
& à PARIS, chés la veuve DUCHÊNE, HUMBLOT, LE-JAI & DORÉZ, rue St-Jacques; DELALAIN, rue & à côté de la Comédie-française; ESPRIT, au Palais-Royal; MÈRIGOT, jeune, quai des Augustins, libraires.

M. DCC. LXXVI.

L'ÉCOLE DES PÈRES.

ÉDUCATION DE DESIRÉE (1).

[*Je n'ai eu-garde de répéter ce qui se trouve déja dans le V Livre d'*Émile, *& qui est ce que l'esprit humain pouvait mettre au jour de plus vrai & de mieux senti sur cette matière.*]

VOUS savez, mon ami, que Desirée n'est jamais sortie de la maison paternelle : sa mère l'a nourrie, & l'a élevée jusqu'à-présent Madame de T*** & mon épouse n'ignoraient pas néanmoins les inconvéniens d'une éducation casanière, & que dans les Enfans ainsi conduits, les

(1) *On verra bientôt, dans un Ouvrage intitulé* les GYNOGRAPHES *ou la* Femme reformée, *un Plan d'éducation pour les Jeunes-filles, qui produirait les plus heureus effets pour les mœurs.* [Note del'Éditeur.]

facultés se dévelopent rarement avec autant d'avantage, que dans ceux qui passent en diférentes mains: il semble même que le caractère en soufre; on remarque dans les premiers une sorte de cagnardise, d'idiotisme, un panchant à flater & à l'être; dèfauts dont ils se défont difficilement, quand une fois on les leur a laissé contracter. C'est la raison pour laquelle tant de parens envoient leurs fils au loin, & mettent leurs filles dans des Monastères ou chés des Maitresses, afin de leur faire perdre cet air d'enfance, qui les rendrait ridicules dans la société. Mais c'est aux dépens des mœurs, que le plus souvent on leur done un air & des manières. Le meilleur est de prévenir le mal: c'est ce qu'on a tâché de faire à l'égard de votre amie.

Une des principales causes des défauts dont je viens de vous parler, résulte de l'espèce d'*égoïsme familiaire*, dont les parens les plus sages ne savent pas toujours se défendre: ils raportent tout à eux & aux leurs: il semble qu'en vertu des gages qu'ils donnent à leur gens, ces hommes ne doivent respirer que pour eux, & n'être mus que par leur volonté. Cette façon de voir, prise dès l'enfance par de Jeunes-filles, est très dangereuse, & influe infiniment sur leur conduite future. Vous savez, mon ami, que ce n'est pas ainsi qu'on pense chés nous; & que si la subordination y règne, on en a banni la servitude. Tous nos domestiques en âge d'être mariés, le sont, & ne voyent en nous que des Patrons bienfesans, qui leur procurons une vie aisée, en échange des *plaisirs*, ou si vous voulez, des *services* que nous en recevons.

vons. Desirée & mon fils, les ont toujours envisagés sous ce point-de-vue, & jamais n'en ont rien obtenu à titre d'obéissance, ni même de complaisance basse & servile. Ils ne se sont donc pas considérés comme des êtres plus importans qu'eux, & n'ont pas cru que ces gens étaient faits pour eux, ce qui les a retenus dans une juste idée d'eux-mêmes.

Les enfans des domestiques, élevés dans la servitude, comme leurs parens, n'ont rien qui se ressente de la dignité de leur être: on dirait que ce sont des machines, qui n'existent que de l'âme des individus auxquels on les tient asservis; ils sont bas & lâches complaisans, incapables de la vertu, dont ils ne peuvent avoir de notion: mais s'ils rampent devant tout ce qui porte le nom de maître, ils sont à leur tour d'une arrogance brutale avec ceux qui n'ont pas droit de leur commander; & croyant se dédommager ainsi de leur avilissement, ils ne font que le mériter. Les enfans des maîtres, élevés eux-mêmes en despotes, ne peuvent être que de mauvais citoyens, des égoïstes, des tyrans, des hommes nuisibles à tous les autres: si quelques-uns échappent à ces vices, il a falu qu'ils eussent reçu de la nature les dispositions les plus heureuses, ou qu'une éducation excellente leur ait fait éviter les inconvéniens de leur condition. Mais le citoyen médiocre, qui ne sert, ni n'est servi, donnerait à l'État, s'il ne vivait qu'avec ses pareils, des membres vraiment eſtimables, qui ſauraient obliger, & non ſervir; montrer de la dignité, de la nobleſſe, & non commander; des hommes qui ſe ſuffiſant preſque toujours à eux-mêmes, ne réduiraient pas leur ſemblable à leur obéir, & ne l'aviliraient pas juſqu'à l'empêcher d'avoir une volonté, en le forçant à ſe règler ſur la leur. J'ai tâché, mon ami, de conſerver mes enfans dans ce juſte milieu. Je vous parlerai ailleurs de la domeſticité, & de la manière dont je l'enviſage.

Les parens donnent preſque toujours dans deux excès, l'aigreur ou la puſillanimité: la première produit des eſclaves hypocrites, tout prêts à devenir tyrans à leur tour: la ſeconde fait ce qu'on nomme des *enfans-gâtés*; eſpèce d'êtres la plus mauſſade & la plus inſupportable que je connaiſſe, quoiqu'il ait plu à nos petites-maitreſſes d'en prendre les manières, le ton, & d'en faire une grâce. Nous avons encore évité ces deux écueils. Jamais d'aigreur dans nos réprimandes: jamais nous n'avons fait rougir les enfans de leurs fautes, même en particulier, parce que c'eſt un moyen indirect de réveiller la vanité; encore moins devant des témoins, parce que c'eſt bleſſer les enfans trop au vif: j'ai remarqué que ce moyen, loin d'être propre à les rendre meilleurs, avait au contraire deux inconvéniens conſidérables: il aigrit immancablement le caractère; l'enfant humilié, s'efforce de s'en dédommager devant les témoins de sa honte par la fierté, le dédain; il tâche de s'élever bien-haut, de-peur que leurs mépris ne l'atteignent: le second inconvénient, c'est d'ouvrir son cœur à la haîne; il n'aimera jamais ceux devant qui vous l'avez fait rougir. Eh que de maux, si ce sont précisément ceux qu'il doit chérir! Jamais nous n'avons flaté ou *flagorné* nos enfans: nous leur avons montré de l'affection, de la tendresse, un attachement sans bornes; mais nous les avons assujétis à des devoirs, dont jamais rien ne pouvait dispenser. Car il ne s'agit pas d'élever aujourd'hui des filles dans la liberté de la nature; ce ne sont pas des Hurones que nous devons former, mais des Françaises; c'est-à-dire, des êtres qui doivent réunir aux agrémens de la figure, les talens qui ne s'acquièrent que par l'instruction. Or on ne peut commencer trop tôt à les exercer à ce qu'elles doivent pratiquer toute leur vie, afin qu'il leur devienne comme naturel, par conséquent agréable & facile. Tel était le principe de toutes les obligations de Desirée; & voici la manière dont on les lui enseignait. Sa mère & son ayeule exécutaient devant elle, sans lui rien dire, tout ce qu'elles voulaient qu'elle apprît; elle avait envie de les imiter; on en prenait occasion de lui imposer une manière de se conduire, dont le terme était l'acquit du talent, &c. L'enfant acceptait, & rien ne pouvait plus la dispenser de remplir ses engagemens. On lui fesait dès-lors sentir le poids de l'obligation ; on l'adoucissait par des caresses, des preuves d'amitié ; mais on la persuadait bien que rien ne peut faire négliger l'accomplissement d'un devoir. Voila comme on alliait la douceur avec une inflexible régularité ; & c'est ainsi qu'on l'accoutumait de loin à se soumettre aux loix sociales.

Il est un abus auquel peu de parens font attention : c'est celui qui se glisse dans la manière de procurer de la récréation aux enfans, & sur-tout aux filles. Sous prétexte de leur donner une image des soins du ménage, on les occupe avec des poupées, &c. Est-ce aussi pour leur inspirer de la religion qu'on leur laisse faire des chapelles ? Ces récréations sont mal-entendues : elles apprennent aux enfans à s'occuper de rien (*), les retiennent tranquilles, & les empêchent de s'assouplir. De la liberté, point d'amusement ; c'est le moyen de fortifier la raison avec le corps. Nous avons donné par jour trois heures de récréation à Desirée, sans autre assaisonnement que cette liberté : nous fimes en sorte qu'elle ne connût aucun des jeux qui causent un plaisir trop vif ; par ce moyen, elle voyait expirer l'heure de relâche sans chagrin ; elle reprenait d'elle-même ses exercices, qu'on

(*) Il me semble voir des Religieuses faire arroser un bâton à une jeune Novice, ou lui faire tirer de l'eau dans un panier. O Jesu ! vous avez dit qu'on rendrait compte des paroles inutiles. . . .

avait eu ſoin qui fuſſent proportionnés à ſon âge, & toujours auſſi amuſans qu'inſtructifs. Ses deux Inſtitutrices lui offraient l'exemple d'une vie toujours occupée, & lui laiſſaient entrevoir adroitement, que les récréations qu'on lui donnait, étaient la livrée de l'enfance. Ainſi, Deſirée était conduite par très-peu de paroles, mais par une action continuelle.

La variété de ſes occupations l'agite ſuffiſamment: elle ſe lève toujours à ſept heures, elle déjeûne enſuite: le travail à l'aiguille commence la journée, & dure depuis huit juſqu'à dix: elle prend alors ſa leçon de muſique; ſa mère ou ſon ayeule ont été ſes maîtreſſes. La danſe ſuccéde: ce fut d'abord mon emploi de la lui montrer, outre qu'elle avait dans ſa mère un parfait modèle. Je ne mépriſe pas l'art de Terpſicore: il eſt preſque le ſeul qui puiſſe tenir lieu de gymnaſtique, dans nos mœurs Lorſque Deſirée eut atteint le terme au-dela duquel je ne pouvais plus la guider, je fis venir un maître célèbre dans la danſe ſavante, & je voulus qu'elle en cultivât toutes les parties: mais j'étais toujours préſent aux leçons, qui duraient deux heures: je voulais que cette occupation allât juſqu'à la fatigue; parce que les femmes, n'ayant pas les mêmes occaſions que les hommes de ſe trémouſſer & de courir, ce qui même ſerait méſéant pour elles, je lui procurais par-là ſuffiſamment d'exercice; les danſes les plus vives & les plus agitantes étaient toujours celles que je préférais; on ſe repoſait dans les *menuets*, les *déploiemens*, & les *grâces*. Après le dîner, & l'heure de récréation qui ſuit, on reprend l'aiguille pour deux heures: le reſte du jour, juſqu'à huit heures eſt deſtiné à la lecture. Une heure avant ſouper, & une heure après, on eſt libre; & l'on n'emploie ordinairement ſa liberté, qu'à s'entretenir avec ſa mère ou ſon ayeule, en ſe promenant dans le jardin, &c, mais jamais à faire des riens occupans. Cette vie, où l'on ne rencontre pas le moindre vide, a préſervé Deſirée de bien des défauts. La ſévérité de la règle, qui n'a jamais été tranſgreſſée, l'a retenue dans cette activité, cet empire ſur elle-même que les enfans n'acquièrent que ſous des maîtres étrangers, en-même-temps que ſes mœurs & ſon caractère n'ont couru aucun riſque.

Vous voyez que la manière efficace pour bien élever les enfans, eſt de les inſtruire d'exemple. Voila pourquoi ſi peu de parens ſont en état de s'en bien acquitter, & que la plupart font mieux de les confier à des feſeurs d'éducation. Que ne peut-on leur perſuader, qu'ils trouveraient des plaiſirs plus piquans, à bien gouverner leur famille, que ceux qu'ils ne veulent pas ſe refuſer! J'ai connu dans la Capitale même, une femme qui ſe pénétra de cette vérité. C'était une bourgeoiſe opulente, très-jolie, qu'on avait mariée fort jeune. Dans les premiers temps qui ſuivirent ſon mariage, elle ne ſongea qu'à goûter les plaiſirs que l'aiſance procure. Ses déportemens firent même de l'éclat, & on la citait parmi les femmes galantes. Elle avait eu une fille la première année de ſon union, qu'on avait éloignée de ſa mère, ſuivant l'uſage, auſſitôt après ſa naiſſance. A trois ans on la ramena. La mère la laiſſa ſous une vieille gouvernante juſqu'à ſix, qu'on la mit au couvent, dont elle ne ſortit qu'à douze. Pendant tout ce temps-là, cette femme ſuivait ſon même train de vie. Son époux, homme raiſonnable & très-occupé, avait hazardé quelques remontrances; mais l'on offrit de lui prouver que toutes les démarches qu'on ſe permettait étaient innocentes; il le voulut croire, & réſolut d'attendre ſon repos de la maturité. Elle était encore éloignée. Cependant l'inſtant arrive où l'on doit retirer du couvent la jeune-fille; ſa mère témoigne à ſon mari qu'elle deſire de la ravoir. Il y conſent avec une répugnance qu'il ſe contente de laiſſer voir, ſans en donner les motifs. La jeune-perſonne revient à la maiſon paternelle: elle a douze ans, comme je vous l'ai dit, & ſa mère en va compter vingt-ſix. Je ne puis vous rendre ce qui ſe paſſa dans l'eſprit d'une mère vive, étourdie, la première fois qu'elle vit ſa fille à table à côté d'elle: la jeune-perſonne était décente & poſée: ſes attraits naiſſans répandaient ſur toute ſa perſonne cette nuance d'intérêt, ce précieux de la beauté, qui nous attache & nous ſubjugue malgré nous. —Quel rôle vais-je faire, dit la mère en elle-même ? ferai-je plus jeune & plus légère que me fille ? gâterai-je ce naturel heureux ? aurai-je à rougir de la voir plus ſenſée que moi ? ou bien imiterai-je ces mères barbares, qui regardent leurs filles comme leurs ennemies, & ne cherchent qu'à ternir leurs charmes par des chagrins redoublés ? non : je veux que la mienne ſoit mon amie. Pour cela, chacune de nous doit être à ſa place : il faut que je ſois ſon modèle & ſon guide, & qu'elle puiſſe faire gloire de m'imiter. C'en eſt fait ; cet inſtant m'éclaire : je vois la route que le devoir me trace pour arriver au bonheur, & je vais la ſuivre : c'eſt de cet inſtant que tout va dépendre : commençons, & que ma fille ne ſoupçonne jamais que je fus autre choſe que ce que je vais paraître à ſes yeux—. Dès ce moment, cette femme prit l'air & le maintien convenable à une mère-de-famille. Son époux ſurpris, ne ſe réjouit pas d'abord ; il crut que c'était contrainte, morgue, caprice, & que cela ne durerait pas. Pluſieurs jours ſe paſſent, ſans que ſon épouſe ſe démente : il la voit ſédentaire, laborieuſe, chériſſant ſa fille ; ne lui commandant rien, & lui donnant l'exemple de toutes les vertus. —Eſt-ce un ſonge, diſait quelquefois en lui-même ce bon mari ? eſt-ce bien ma femme ? voyons. Si cela continue, je la regarderai comme une divinité—. Les mois, les années ſe ſuccèdent : tout allait de-mieux-en-mieux. La jeune-fille atteignit ſeize ans : en ſortant du Monaſtère, elle n'avait que l'ombre des vertus ; depuis qu'elle eſt avec ſa mère, elle en a acquis la réalité. Cette femme, qui ſe levait auparavant à midi, qui paſſait les nuits au jeu, ou en divertiſſemens plus dangereux ; ſe couche tous les jours à dix heures, & ſe lève à ſept, pour faire prendre & goûter ce train de vie à ſa fille : cette épouſe auparavant aigre, railleuſe, quelquefois impertinente avec un mari pacifique, eſt devenue une compagne ſoumiſe, tendre, empreſſée, d'abord ſans intérêt, & ſeulement pour donner l'exemple à ſa fille ; mais bientôt elle eſt tout cela par goût, parce qu'elle trouve dans ces devoirs, trop longtemps dédaignés, des charmes inconnus, des délices qu'elle ne ſoupçonnait ſeulement pas. Elle avait toujours cru qu'un mari ſérieux, occupé, ne ſaurait pas apprécier ſes bontés ; elle avait d'abord été perſuadée que le petit-maître léger, papillonnant, était l'être fait pour les femmes ; elle avait enſuite reconnu que l'homme le plus reſſemblant aux Belles, eſt le moins leur affaire ; elle ſe convainquit depuis ſa réforme, qu'il n'eſt de bonheur pour ſon ſexe que dans les bras d'un homme digne en toute manière de porter ce nom ; que moins un époux eſt dameret, plus il connaît le prix du ſexe aimable, & plus il lui montre à quel point il eſt ſenſible au mérite qui lui eſt propre. Ces nouvelles idées rendirent ſtable le changement de cette femme autrefois coquette. Son mari, après s'être longtemps contenu, lui dit un jour: —Je n'en ſaurais plus douter, mon amie, vous êtes devenue la plus digne des mères; permettez que je laiſſe enfin éclater toute ma joie: quoi! c'eſt vous! femme légère, étourdie, qui faites pour notre fille ce qu'avec toute ma bonne-volonté, & la ſageſſe que j'ai tâché d'acquerir, je n'euſſe pas été capable d'exécuter pour mon fils, ſi nous en avions eu un? Non, ma ſurpriſe & mon admiration ne peuvent s'exprimer: ô ma charmante compagne, vous êtes trop au-deſſus de moi: agréez mes hommages & les marques d'une reconnaiſſance ſans bornes—. Alors ſa femme lui raconta ce qui s'était paſſé dans ſon âme la première fois qu'elle avait vu leur fille chez eux, le deſſein qu'elle avait formé de s'en faire une amie, & de la rendre heureuſe par la vertu. —La liberté que vous m'aviez toujours accordée, ajouta-t-elle, ne me laiſſant enviſager aucune honte à changer, je n'ai pas héſité à ſacrifier à ma fille de vains plaiſirs, que vous & elle m'avez depuis rendus au centuple. Mon ami, recevez la promeſſe que je vous fais, d'être toujours le modèle de ma fille: nous allons la marier: le jeune-homme que vous ſemblez lui deſtiner nous convient à toutes deux: je tâcherai, ſi vous voulez me ſeconder, que notre exemple leur apprenne que les époux

ne trouvent que chez eux la vraie félicité—.
Mais cet exemple est étranger : revenons.

Desirée a donc été formée d'après des modèles toujours présens, plutôt que par des discours : elle ne s'est point crue plus qu'une petite-fille, ni maîtresse, ni même destinée à l'être : elle n'a jamais vu commander chez nous ; la nécessité sembla toujours faire mouvoir tous ceux qui l'environnaient : madame Desforêts s'acquitte de son devoir ; Picard, Bourguignon & Labrie font dans la maison & au-dehors les ouvrages nécessaires, pour lesquels il faut bien qu'il se trouve des bras & des mains ; Desirée n'a jamais vu qu'il n'y eût que les leurs qui pussent les faire, parce que souvent j'ai fait ces mêmes choses à ses yeux. Une autre attention que nous avons eue, c'est que jamais chez nous l'on a dégradé les hommes, en leur donnant les fonctions des femmes. Un homme porter la robe.... Mon fils, jamais la main d'un homme, autre que la mienne, la vôtre, & celle de mon fils n'a touché la robe de ma femme tandis qu'elle était sur elle : cette chaste épouse, sans pruderie, sans affectation de purisme, ne l'eût pas souffert ; la condition ne fait rien pour elle, & toujours elle eut de la pudeur devant ses gens : elle honore les hommes, comme les semblables de son chef ; elle aime les femmes comme ses sœurs. Tant que Desirée fut trop jeune, madame Desforêts, ou quelqu'autre des femmes, ou sa mère, ou madame de T*** lui rendaient indifféremment les ſervices néceſſaires: à-préſent, mon fils, elle ſe ſuffit à elle-même. Vous ne l'avez jamais vue dans ces détails, parce que chez nous, les hommes ne pénètrent pas dans le gynécée: j'ai cru que dans une famille, il falait qu'il y eut toujours un ſanctuaire pour l'épouſe, dans lequel elle fût inabordable: elle en eſt plus reſpectée. L'homme ne jouit de ſa raiſon, que pour obſerver & tourner à ſon profit l'inſtinct de tous les animaux: or il en eſt dans la nature, où la femelle eſt comme une divinité; telle eſt la mère-abeille: une maiſon bien gouvernée doit reſſembler à cette petite République; & ſi les Orientaux s'en tenaient-là, je les admirerais. A l'exception des ouvrages mal-propres, dont la condition de Deſirée la diſpenſe, & que votre délicateſſe ne lui permettrait jamais de faire, elle s'acquitte de tout: ſon appartement, ſon lit, ne ſont rangés que de ſa main: ſes habits ſont tenus en ordre par elle: elle ne blanchit pas ſon linge comme *Nauſicaé*, mais c'eſt à cauſe de vous ſeul que ſa mère a voulu que ſes mains conſervaſſent toute leur beauté.

Bien-loin de ſuivre l'exemple de ces Romains, qui punirent un père d'avoir ôſé donner un baiſer à ſon épouſe devant ſa fille, nous avons ſouvent cherché à lui mettre ſous les yeux l'image d'une union parfaite: je ſais que tous les parens ne feraient pas une action prudente en ſuivant cette règle; mais lorſque le cœur eſt pur, les careſſes le ſont auſſi. Deſirée fut témoin des nôtres, non-ſeulement ſans danger pour ſes mœurs, mais avec profit pour ſon cœur. Elle apprit de bonne-heure qu'elle devait l'être à la bonne amitié que ſa mère & moi nous avions l'un pour l'autre; elle partageait ſouvent notre tendreſſe, & la rendait plus expanſive, plus délicieuſe: elle ſut que le ſort dont nous jouiſſions ſerait un jour le ſien avec un homme aimable que nous lui choiſirions. Que des parens cruels & deſpotes, qui veulent ſe conſerver la liberté de condanner leurs filles à prendre un état odieux, procurent l'inaction du cœur & l'ignorance des plaiſirs qu'il donne; Deſirée, deſtinée à aimer, à l'être, a été formée pour ces deux choſes, autant que pour la vertu. Il eſt vrai, mon ami, & je ne vous le diſſimulerai pas, qu'il y aurait un petit inconvénient dans cette éducation: c'eſt que Deſirée ſe trouverait un jour plus malheureuſe qu'une autre avec un homme comme il en eſt tant: mais avec le Comte de M***.... [—Mon père, intérompit Roger, les femmes comme Hélène & comme Deſirée, ne peuvent avoir des époux ordinaires. En les approchant, en vivant avec elles, l'on devient comme il faut qu'on ſoit pour les mériter. C'eſt une influence inévitable de leur vertu communicative, d'une inſinuante douceur, de cette amabilité dont elles ſavent embellir tout ce qu'elles diſent, & tout ce qu'elles font: ſoyez tranquille: je ne puis être que ce qu'elle voudra: son *engageance* (passez moi le terme) est un aimant vainqueur, qui me dirigera toujours—]. Je disais donc, repris-je, que ma fille espère tout de l'amour. C'est à nos soins, mon ami, que vous devez des sentimens qu'il semble que sa jeunesse ne lui permettrait pas d'éprouver encore. Mais pour que sa tendresse ne vous soit jamais importune, nous l'avons convaincue qu'elle était faite plus encore pour aimer que pour l'être: nous lui avons fait regarder la beauté comme un moyen de plaire, mais fragile, & qui ne ne dépendait pas d'elle. Nous l'avons encouragée à se donner tous les autres moyens qui peuvent s'acquerir, & qui doivent durer toute la vie: le violent desir d'être aimée que nous avions excité à dessein, l'a rendue empressée, ardente pour tous ses exercices, & pardessus tout, pour la pratique des vertus propres aux femmes, de cette *insinuante douceur* dont vous parliez, & de tout ce qui sert de fondement à l'estime dans une âme honnête.

Nous avons de même cultivé son goût naturel pour les plaisirs permis: car nous ne voulons pas seulement qu'elle soit vertueuse & qu'elle fasse votre félicité, mais qu'elle soit heureuse, qu'elle jouisse, qu'elle ait des plaisirs, qu'elle sache en faire un choix entendu, & les goûter sans que l'amertume les suive jamais. Pour entretenir une femme dans le goût de ses devoirs, & dans cette gaîté

gaîté qui la rend aimable, il faut qu'elle éprouve souvent d'agréables sensations; de ces plaisirs pour lesquels il ne faut ni fracas ni dépense: ceux que l'on goûte dans le monde sont plus contraires que favorables à la gaîté. Je vais citer un exemple de ce bonheur tranquille dans le ménage. C'est une partie détachée de l'Histoire de quatre époux que vous connaîtrez mieux dans la suite, parce que je me propose de mettre en entier sous vos yeux le tableau de la conduite de cette famille, en vous parlant de l'éducation de notre Noblesse, des écueils ordinaires qui s'y rencontrent, & des moyens soit de les éviter, soit de réparer le mal lorsqu'il est arrivé (1). Je ne les envisagerai maintenant que sous un seul rapport: la circonstance rare dans laquelle se trouve le plus jeune des deux époux, qui est moins âgé que sa femme, nous fournira d'ailleurs un modèle d'union & des vues différentes de tout ce que nous pouvons avoir lu dans ce genre.

Il faut vous apprendre auparavant, qu'Hélène (2) de T***, fille du Chevalier de T*** (3), & Léonore d'E*** son amie, venaient

(1) *Tome III*, p. 145.

(2) C'est des Parens du Comte & de la Comtesse de S* qu'il sera question dans ce récit: mais *Charles* se servait de noms supposés, se réservant de nommer les véritables héros à ses enfans dans le temps convenable: l'embarras que ces noms déguisés n'auraient pu manquer de causer au lecteur, m'oblige à restituer les noms propres, & à designer ceux de Terre, par les initiales.

(3) Nommé depuis le Comte de B**.

de donner la main, l'une au Marquis de T***, l'autre au Vicomte de Th**; ces deux jeunes-personnes voulaient rendre leurs époux heureux; elles se promettaient bien d'y réussir, & ne redoutaient que l'inconstance trop ordinaire aux hommes: Hélène avait souvent ouï répéter à madame de T***, sa tante, qui l'avait élevée (car elle avait perdu sa mère en naissant) que ses parens furent toujours parfaitement unis: de concert avec son amie, elle pressa vivement madame de T*** de lui donner les détails de leur conduite. La Comtesse, qui précisément avait cherché à faire naître ce desir, remit alors à sa nièce un papier que le Chevalier, avant de faire la campagne de 1745, avait écrit pour l'instruction de sa fille. Voici ce qu'il contenait:

Comme je puis ne pas revenir de cette campagne, & ne jamais vous revoir, ma très-chère fille, je vais remplir un devoir à votre égard, en vous traçant le tableau vrai de la conduite de ceux dont vous tenez la vie. Ils s'aimèrent; ils s'estimèrent; ils ne connurent de félicité, que dans l'intimité charmante qui règnait entr'eux, & dans les plaisirs que l'affection sincère de votre oncle & de votre tante leur fesait éprouver. Mon enfant, je ne veux pas que vous ignoriez dans quelles dispositions nous vécumes toujours: que votre mère vous serve de modèle, lorsque vous serez mariée: pour votre époux (si c'est le marquis de T***, comme je l'ai desiré, & comme nous le projetons mon frère & moi ;) il aura l'exemple de son père. Apprenez, ô mon Hélène, que le plus doux de mes plaisirs sera desormais de réunir dans ma pensée ma fille & mon épouse. Dans cet écrit, je parle de Louise & de moi : mais Hélène m'est toujours présente : j'anticipe sur les temps ; je vois ma fille dans l'avenir, & capable de m'entendre ; c'est à une femme que je m'adresse.

« J'adorai ta mère, chère Hélène : plusieurs années se sont écoulées comme un jour dans l'union la plus tendre. Nos cœurs étaient faits l'un pour l'autre. Te peindrai-je la conduite de cette divine épouse ! ô ma chère Hélène, te la peindrai-je ! oui : ce récit renouvelera ma douleur ; mais il instruira ma fille.

La première fois que je vis Louise de V**, je l'admirai : ses yeux rencontrèrent les miens ; mon attention parut la flater : ses regards, sans qu'elle s'en doutât elle-même, devinrent si doux, qu'ils firent naître l'espérance : je l'aimai. La première fois que je l'abordai, j'en fus reçu avec politesse ; je l'entretins longtemps ; en la quittant, je l'estimais : mon frère la demanda pour moi ; nous nous vimes souvent, & je finis comme j'avais commencé, par l'admirer : mais j'avais de plus l'estime & l'amour.

Une heureuse chaîne nous unit : mon épouse contente de posséder mon cœur, ne se réjouissait d'être belle, que pour mieux me fixer : elle ne négligeait rien pour relever l'éclat de ses charmes, mais ce n'était qu'à cause de moi qu'elle aimait la parure. Elle avait soin de ne paraître à mes yeux que sous un extérieur propre à plaire. Elle me disait quelquefois: —Mon ami, votre gloire est d'être estimé de vos semblables par l'exactitude à remplir vos devoirs de Citoyen, de Guerrier, de Gentilhomme: celle de votre femme, sa vertu, tout son mérite se réduit à vous plaire, à règner sur votre cœur par la tendresse; lorsqu'elle aura des enfans, d'autres devoirs se joindront à ceux-ci—.

J'étais plus jeune que mon épouse: cette disparité, trop souvent dangereuse dans les mariages, fut pour moi la source de plaisirs inconnus. Louise joignit à tous les sentimens qui l'attachaient à son mari, une tendresse de protectrice & de mère: elle voyait dans son jeune époux un élève dont les mœurs allaient décider de son sort; de concert avec mon frère, elle mit tous ses soins à achever l'ouvrage que le généreux Comte avait commencé. Ma fille, si j'eus quelques vertus, c'est au Comte & à votre mère que je les dois.

Pour remplir le but qu'elle se proposait, mon épouse s'étudiait à se tenir toujours modestement à sa place; elle m'accoutumait à me voir respecter, traiter en père-de-famille: elle montrait de la confiance à mes décisions, en-même-temps qu'elle paraissait toujours se défier de ses lumières. Lorsqu'elle m'avait suggéré quelqu'avis sage, d'elle-même ou de la part de mon frère, elle savait me faire oublier la part qu'elle y avait, & m'en laisser tout le mérite. Quoique parfaitement belle, elle ne s'en fiait pas à ses charmes seuls pour s'assurer l'empire légitime des épouses. Elle employait un art innocent & permis. Tantôt tendre, passionnée, elle m'ouvrait son cœur, elle m'y plaçait tout entier; elle ne mettait aucune borne à ces délicieuses communications des âmes sensibles, qui sont pour elles les plus doux des plaisirs: tantôt réservée, prenant l'air respectable d'une mère-de-famille, elle savait m'en imposer à moi-même: ces jours de raison (comme je les appelais) servaient à me faire sentir tout le prix des complaisances; ils réprimaient une familiarité, dont la suite est toujours de diminuer le prix de ce que l'on fait l'un pour l'autre: tantôt enfin elle cherchait à surprendre mon admiration par tous les talens agréables qu'elle tenait de l'éducation. Une femme qui réussit à se faire admirer de son époux, en est toujours aimée. Que cherchera-t-il ailleurs, si sa compagne surpasse tout ce qu'il y peut rencontrer? C'est une coutume bien sage & dont on devrait profiter, que celle des Orientaux, qui prescrivent à leurs filles l'étude de tout ce qui peut plaire aux hommes & les en faire aimer (*).

Telles étaient les seules ruses de votre mère, ma chère Hélène: la manière dont

(*) J'ai vu le contraire dans une Brochure *sur les Mœurs*; mais il y avait une distinction à faire. Les femmes des gens aisés doivent acquerir des talens agréables; ils leur seront utiles: les femmes du peuple, des talens lucra-

elles étaient employées y donnait du reſſort ; & pour ſe faire adorer, Louiſe n'aurait pas eu beſoin de ſa beauté. C'eſt une leçon, ma fille, qu'il ne faut pas qu'une jeune-femme oublie : elle doit compter pour rien l'avantage d'être belle, dès qu'il s'agit de conſerver un cœur : l'habitude rend preſque nul cet avantage ſi vanté : ce ſont des vertus qu'il faut alors, des grâces, des talens. La beauté & la vertu ne ſuffiraient pas, ſi les grâces ne prêtent leur charme à la vertu, & ſi les talens n'ôtent à la beauté ſa *monotonie*, & ſon uniformité. Mais auſſi, une femme qui ſait employer ces moyens, eſt ſure de réuſſir ; & vous pouvez compter là-deſſus.

Le ſoin de plaire que l'amour fait prendre, n'eſt pas le moins doux de ſes plaiſirs. Louiſe était heureuſe. L'époux qui ne peut douter qu'il eſt le but auquel ſe rapporte tout ce que fait ſon épouſe, quel que ſoit ſon caractère, en eſt toujours flaté. Jugez, ma fille combien votre père devait l'être !

Un jour mon frère me propoſa d'aller avec nos épouſes à quelques lieues de Dijon, dans une terre de notre famille, qui avait été aliénée, & que monſieur de T*** venait de lui rendre. Le Comte voulait nous faire connaître de ces anciens vaſſaux de nos pères, & nous mettre au fait de leurs beſoins. Nous étions dans le Printemps : à l'heure où

tifs, qui leur feront néceſſaires ; les talens agréables pourraient même n'être que nuiſibles à quelques-unes de ces dernières.

nous arrivames, la nature renaissante était embellie par la plus belle soirée : une agréable prairie, couverte de muguet, de violètes, de narcisses, servait comme d'avenue au village : nous descendimes pour achever le reste du chemin sur cette douce pelouse : je donnai la main à votre tante, & Louise s'appuyait sur mon frère : la Comtesse de T*** & moi, nous étions presque tous deux du même âge, c'est-à-dire très-jeunes ; nous nous mimes à courir pour cueillir les plus belles fleurs : nous en fimes des bouquets que nous apportames à mon frère & à mon épouse : l'air respectueux que nous affections de prendre en les leur présentant, fut remarqué de quelques habitans du village, qui s'étant hâtés de nous devancer pour annoncer notre arrivée, dirent à tout le monde, que le Seigneur du lieu venait avec sa femme, son fils & sa fille ; que la mère & les enfans étaient beaux comme des Anges ; mais que sur-tout ces derniers paraissaient bien élevés & bien respectueux. Nous arrivons à la porte du village, où nous sommes reçus par les Officiers de la petite Jurisdiction, précédés du Curé, qui nous fit un compliment, où je ne trouvai rien de remarquable, que la qualité qu'il nous donnait, à Henriette & à moi, d'enfans de mon frère & de ma femme. Les deux *enfans* sourirent : mais la gravité de la mère de vingt-deux ans, qui déja avait un fils de dix-sept, ne se démentit pas : elle retint même le Comte, dont la véracité scrupuleuse allait instruire ces bonnes-gens, parce qu'il craignait que nous ne les tournassions en ridicule.

Le petit Magistrat & le Curé demeurèrent donc très persuadés qu'ils avaient vu leur Seigneur & ses enfans : & nous apprimes bientôt qu'ils n'avaient pu se lasser d'admirer les attraits de leur Dame, qui, à son âge, était encore si belle : (car il falait, pour lui donner un fils & une fille tels que nous, qu'ils lui supposassent environ trente-six ans) ce fut le sujet de leur entretien pendant le souper auquel le Pasteur les invita. Cette singularité fit imaginer à Louise, de varier mes plaisirs d'une manière dont elle ne se fût pas avisée, sans cette aventure. Le lendemain, elle envoya chercher à la ville ce qui nous était nécessaire : dès qu'elle l'eût reçu, elle prit toute la parure d'une femme de l'âge qu'elle se supposait pour être ma mère ; un grand bonnet, une coîfe noire, un air à l'avenant : ensuite appelant sa sœur, qu'elle traita de *mademoiselle*, elle la fit habiller d'une robe à l'anglaise, qui ressemblait assez aux fourreaux que portent les filles dans la première jeunesse ; une aigrette orna la tête d'Henriette ; les diamans & les fleurs se mêlèrent à sa belle chevelure. Cet habillement ôtait à la jeune Comtesse deux ou trois années des quinze qu'elle avait alors. Pour moi, ma nouvelle maman me fit prendre un habit de lustrine avec une aiguillette, un plumet, qu'elle enfonça jusque sur mes yeux, & des des talons rouges. Je la regardais, en m'habillant; je la comparais à sa sœur: non jamais Henriette ne fut si belle; mais Louise... mais ta mère... ma fille, je crus voir la Beauté même: il semblait que la Jeunesse & les Grâces, indignées du tour qu'elle voulait leur jouer, répandîssent sur sa parure mille fois plus de charmes qu'elle ne s'efforçait de leur en ôter. Le Comte parut: il pensa comme moi: quoique naturellement grâve & retenu, il ne pouvait se taire. —Mon frère, lui dit Louise en riant, il faut changer de personnage; depuis longtemps vous faites le rôle d'un tendre époux & d'un bon frère; moi, je me trouve une fort bonne femme; & je crois que nous avons tout ce qu'il faut, vous, pour faire un papa très-difficile, & moi, une maman qui gâtera bien ses enfans: en voila deux tout élevés dont je suis devenue la mère je ne sais comment; il faut que vous leur serviez de père, & je serai votre femme, s'il vous plaît—. Le Comte se prêta volontiers à ce badinage: Henriette & moi nous primes le ton convenable à notre nouvel état. Mais l'amour n'y perdit rien. La jeune Comtesse m'a dit depuis, que s'étant efforcée, pour complaire à sœur, de se pénétrer de son rôle, elle avait goûté dans les caresses de son époux des plaisirs tout nouveaux pour elle, par le mêlange d'un sentiment inconnu, mais si doux, qu'elle ne le voulait jamais perdre. Quant à moi, je dois regarder ces jours-là comme les plus heureux de ma vie. Le respect extérieur que je montrais à Louise était dans mon cœur : je recevais ses caresses, non comme celles d'une mère, mais comme les faveurs d'une souveraine, qui voulait bien descendre jusqu'à moi : je nageais dans une mer de délices. Aussi, en me traitant de fils, Louise remuait si délicieusement mon cœur ; elle excitait des sentimens si vifs, elle était si tendre..... Hélène, Hélène ! comme elle t'aurait aimée ! ...

Mais ce ne fut pas tout : le Comte & Louise firent inviter à dîner, avec le bon Curé, ceux qui les avaient complimentés, & quelques-uns des principaux de la paroisse ; Henriette & moi, nous avions devant ces bonnes-gens en air conforme à l'idée dont ils s'étaient prévenus : la satisfaction de Louise, l'air affectueux avec lequel elle recevait les complimens du Pasteur sur notre mérite (car il n'ôsait la louer elle-même) nous divertissaient infiniment. Henriette avait sur-tout de la peine à se contenir, en voyant la dignité de sa sœur, lorsqu'elle m'appelait son fils, & l'air de timidité avec lequel je lui répondais & j'exécutais ses ordres. Cette comédie se prolongea durant trois jours, & nous y trouvions tant d'agrément, que nous boudames le Comte, qui la fit trop-tôt finir, en permettant à nos gens, de découvrir la vérité à tous ceux qui leur parleraient de nous.

Ces jeux, ma chère fille, semblaient nous distraire d'un petit chagrin, que notre mutuelle tendresse n'était pas propre à diminuer. Qu'eût-il manqué à notre plaisir, si le Marquis & toi, ma chère enfant, y eussiez mis le comble! Mais vous n'existiez pas encore; la chaste Louise & la sensible Henriette vous demandaient au ciel. Il se laissa fléchir; & comme mon frère valait mieux que moi, il fut le premier favorisé: mais que dis-je? c'est un époux sans-doute qu'il formait pour ma fille, il nous favorisait également tous deux.

A la première apparence de la grossesse de notre sœur, Louise & moi, nous demeurames immobiles de saisissement & de joie: Henriette qui déja nous était si chère, devint pour nous un objet sacré, que nous n'ôsions plus envisager qu'avec respect. Les soins, les attentions de mon frère, qui redoublèrent alors pour sa charmante compagne, n'étaient ni plus délicats, ni plus empressés que les nôtres: Henriette était le centre de toutes nos attentions; elle était pour nous la vive, la parfaite image de la Source-de-tout-bien; personne n'était digne de la servir que nous-mêmes; Louise ne la quittait plus; & jene m'éloignais de toutes deux que lorsque j'allais à la chasse avec mon frère. Le Comte, qui voyait notre attachement, souriait quelquefois; souvent aussi je l'ai surpris détournant ses yeux chargés des larmes de la tendresse. Les jeux cessèrent pour-lors. Henriette n'était plus un enfant:

c'était une mère-de-famille. Ton cousin vit le jour, ma chère Hélène: Louise le reçut dans ses bras, & la première elle lui donna le nom de fils & des baisers de mère. Oh! que cet enfant nous fut cher, qu'il fut aimé! lorsqu'il commença de sourire à notre empressement, que d'innocens plaisirs il nous procura! Cher Marquis, puisses-tu remplir les vues de ta famille, & combler leur espérance! Puisse un jour ma fille te devoir son bonheur & faire le tien! Puissé-je le voir, embrasser vos enfans, & contribuer à les faire marcher sur vos pas dans le sentier des vertus! (Fasse le Ciel, ô *Roger*, que ce bon père soit exaucé! car je m'intéresse beaucoup à ce Marquis.)

Louise ne douta pas qu'elle n'eût bientôt le même avantage que sa sœur: je vis insensiblement changer les marques vives, empressées de son amour pour moi, en d'autres non moins tendres, mais pourtant différentes. Elle ne me vit plus comme un fils chéri, ou comme elle disait, *gâté*; mais elle commença de me regarder comme son conseil & son guide: jusque-là, je m'étais plu à dépendre d'elle, à la traiter en maitresse, en amante adorée; j'avais, pour ainsi dire, contraint sa modestie à garder l'autorité dont je la sentais plus digne que moi: le temps lui parut arrivé de la déposer: elle voulut prendre mon rôle; elle alla jusqu'à me dire qu'elle soupirait depuis longtemps après le bonheur de se retrouver à sa place; qu'une femme n'était parfaitement heureuse qu'autant qu'elle avait dans un époux tendre, complaisant, un maître judicieux dont elle dépendait, un conducteur éclairé propre à la guider, à gouverner sa famille, à se faire aimer, craindre, respecter de ses inférieurs, considérer de ses égaux; qu'elle me voyait toutes ces qualités, & qu'elle me demandait, comme la plus grande marque de mon attachement pour elle, de vouloir bien les faire briller dans tout leur jour. Ému, pénétré d'admiration, j'allais tomber à ses genoux: elle me retint dans ses bras; & me pressant contre son sein, elle me dit d'un ton de voix entrecoupé: —Mon aimable mari, connais ton pouvoir, & règne sur mon cœur: la nature a mis de la différence dans notre manière d'être heureux; ne la contredisons pas: c'est ainsi que souvent des époux, d'ailleurs vertueux & raisonnables, ont quitté la véritable route, & se sont égarés. Je vous vis hier à mes genoux pour la dernière fois, j'espère: aimez-moi comme je dois être aimée, & comme vous devez aimer: nous sommes égaux, il est vrai; mais je ne dois occuper que la seconde place; la première est à vous, saisissez-vous-en; retenez-la sans hauteur, mais avec dignité: votre épouse brûle d'envie d'obéir au souverain de son cœur—.

Je compris ce qu'elle exigeait de moi: dès l'enfance, j'avais appris, de mon respectable frère, qu'il faut aimer ceux qui nous aiment, de la manière dont ils veulent être aimés: je m'étudiai à remplir les vues de mon incomparable compagne; & je puis dire que j'y réussis. O! mon Hélène, que nous fumes heureux! Chère idole de mon cœur, ma fille!... mais il faut contraindre les sentimens que tu m'inspires; que sais-je hélas, si leur violence n'offense pas... Grand Dieu! je suis père: pardonnez des mouvemens dont vous êtes l'auteur! mais si leur excès empiétait sur les droits de votre divinité, ne punissez qu'une tête qui fut si souvent coupable de la même manière, & protégez toujours mon enfant.... Nous fumes plus heureux que nous ne l'avions encore été. Deux années s'écoulèrent de la sorte. La troisième commençait, lorsqu'un jour Louise se promenant avec moi dans un jardin où l'on trouvait diverses sortes de fruits, je la vis considérer avidement, & me demander tous ceux qui se trouvaient sur notre passage: elle s'en chargea: je la regardais en souriant: —*Rentrons*, me dit-elle, *cher époux, nos vœux sont remplis*—. Surpris de ces paroles, je lui donnai la main. Lorsque nous fumes dans son appartement, elle se jeta dans mes bras. —Mon ami, dit-elle, partagez ma joie; vous allez être père: la faiblesse que vous venez de remarquer, & mes observations m'en convainquent. Si j'en avais cru ma vanité, j'aurais pu surmonter ces petites fantaisies, qui peut-être vous ont fatigué, mais je n'ai pas voulu contrarier la nature—.

Voila, chère Hélène, le premier instant où tes parens furent comme assurés de ton existance : qu'il soit à jamais béni cet heureux moment ; ô ma fille, je le bénirai, & le Dieu qui nous l'a donné, tous les jours qui me restent à vivre.

Dès que le Comte & l'aimable Henriette connurent notre bonheur, ils y prirent part, & surent l'augmenter. Mon frère sur-tout, qui avait été maître de lui-même à la naissance de son fils, dans cette occasion ne garda presque plus de mesures. Il fesait éclater sa satisfaction de toutes les manières ; mais la plus digne de lui, & celle qui me frappa davantage, c'est qu'il répandit avec profusion ses dons dans le sein de l'indigent. Des chefs de pauvres familles, de petits orfelins, auparavant nuds, vêtus, nourris par le Comte, offraient chaque jour à Dieu les vœux les plus ardens pour vous, chère Hélène, & vous souhaitaient, moins les grâces & la beauté, que les vertus de leur bienfaiteur.

Un jour d'hiver (nous étions dans cette terre dont je viens de parler ; le Comte, votre tante, & monsieur de V** passaient une semaine à Dijon) le beau temps me fit proposer à mon épouse de prendre l'air. Nous sortimes du château, & dirigeames notre route le long d'une palissade qui nous garantissait du vent de bise. Comme votre mère avançait dans sa grossesse, elle se trouva fatiguée ; nous nous aſſimes dans un angle mieux abrié que le reſte. Je lui pris la main, je la baiſais, je levais enſuite les yeux ſur elle en ſilence; elle me répondait de la même manière: cet entretien muet avait des charmes inexprimables pour nous. Il fut intérompu par deux enfans qui ramaſſaient autour des haies les *broutilles*, ou morceaux de bois épars & deſſéchés. Leur converſation nous intéreſſa; elle nous avait pour objet. —Oh moi, j'aime mieux monſieur le Comte, dit une voix de petit garçon. —Et moi, j'aime mieux madame la Comteſſe & ſa ſœur, répondit une jeune-fille. —Les hommes valent toujours mieux que les femmes. —Et moi, je te dis que ce ſont les femmes qui valent mieux. —Ce ne ſont pourtant pas les femmes qui nous ont habillé & qui ont payé nos tailles; mon père a bien dit que c'était monſieur le Comte. —Et madame la Comteſſe auſſi. Dame! crais-tu que monſieur le Comte faſſe quelque choſe ſans que madame la Comteſſe le ſache: & quand madame de B** a mandé ma mère, pour lui donner de l'argent, avant qu'elle accouchât de mon petit frère, & qu'elle lui a donné du linge, un berceau, Monſieur n'en ſavait rien, vois-tu bien ça; car, au batême, il envoya auſſi de l'argent, du ſucre, du linge; & ma mère ne voulut point de l'argent, car elle dit comme-ça que Madame lui en avait donné; & le domeſtique dit comme ça qu'il l'allait dire à Monſieur qui n'en n'en ſavait rien. —Et moi je te dis que les hommes valent mieux que les femmes. Ne vaux-je pas mieux que toi? —Toi? —Oui, moi? —Je ne ſais pas. —Oh! je le ſais bien moi: car d'abord je ſuis plus fort,* & un. —Et moi, j'apprens mieux mon catéchiſme que toi. —Et moi, j'écris mieux que toi; je cours mieux, je ſaute mieux, & je ne ſuis pas peureux comme toi: partant, je dis que mon père m'ayant commandé de prier Dieu pour la ſœur de monſieur le Comte, je m'en vas tout-à-l'heure dire cinq *Pater* & cinq *Ave* pour qu'elle ait un garçon. —Et moi, pour qu'elle ait une fille. —Si je t'entens parler de fille, tu auras affaire à moi. —Ouida, je vais demander une fille; le Bondieu m'écoutera plutôt que toi, car j'obéis mieux à mon père & à ma mère, que tu n'obéis aux tiens—. Les deux enfans s'entêtèrent: je crois que le petit drôle donna un ſoufflet à la jeune-fille qui ne voulait pas lui céder: je me levai; l'enfant m'aperçut, & comme il ſe ſentait coupable, il s'enfuit, tandis que la petite-fille lui criait: —Tu n'as qu'à t'y attendre, le Bondieu t'écoutera, quand tu bas les autres: va, Madame aura une fille: je le ſais bien moi—.

Cette diſpute occaſionnée par la ſimplicité, nous fit beaucoup rire. Louiſe appela la petite-fille, la queſtionna, lui trouva du bon-ſens, & ſe propoſa d'en prendre ſoin. C'eſt elle qui maintenant eſt auprès de vous,

Enſuite elle me dit, —Je crais que je penſe comme la petite; je ſouhaiterais de vous donner une fille. Ma ſœur l'élèvera, car je la gâterais, & je me chargerai de ſon fils: nous 'changerons: n'eſt-il pas vrai, mon ami? & puis ſon fils n'eſt-il pas le mien, & ma fille ne ſera-t-elle pas la ſienne—?

Encore quelques mois de bonheur: ... hélas! ils ont paſſé, ... ils ne ſont plus, ... ils ne furent pas longtemps. De quels jours ils ont été ſuivis! ô Dieu! quels jours me réſervait votre juſtice! ... Mais je ne veux pas affliger mon Hélène, je n'écris ces détails que pour l'attendrir, & la conſoler en l'entretenant de ſa vertueuſe mère. Je vais continuer de lui raconter comme nous nous aimions, comme Louiſe ſut conſerver ſur mon cœur ce pouvoir, que j'ai nommé l'*empire légitime d'une épouſe.* Ce fut en fesant tout à-propos: les careſſes & la réſerve, l'enjouement & l'application, n'étaient point règlés par le temps, mais par les diſpoſitions où elle me voyait: c'eſt par-là qu'elle ſut ſe faire aimer: les ſoins qu'elle y donnait euſſent fait naître dans ſon cœur à elle-même la tendreſſe pour moi, quand elle n'y aurait pas été diſpoſée d'ailleurs. Voici, ma chère fille, une comparaiſon qui vous rendra plus ſenſible ce que j'avance. Un homme achète une terre: ſon but eſt d'abord ſimplement d'augmenter ſes poſſeſſions. Dans la ſuite, il l'orne, il l'embellit, il y dépenſe; ſon cœur s'y attache à mesure ; il vient enfin à la préférer à ses anciens domaines, à y fixer son séjour, à ne pouvoir vivre que là. Qui la lui a rendue si agréable ? les peines mêmes qu'il a prises pour l'embellir, bien plus que les embellissemens. Il en est de même dans les mariages. Un mari, ou une femme raisonnables, en s'appliquant à se donner des droits à la tendresse de leur moitié, s'y attachent, & prennent eux-mêmes les sentimens qu'ils veulent inspirer. C'est ce qui me fait vous dire, ma chère Hélène, qu'on peut être toujours aimé, lorsqu'on veut sérieusement l'être : le cœur fait bien en indiquer les moyens. Ainsi dans toutes ces unions où la mésintelligence éclate, elle a sa source dans la mauvaise volonté de l'un ou de l'autre des époux, & souvent de tous les deux. Ils s'imaginent faussement qu'il est pour eux une source de bonheur ailleurs que dans le cœur qu'ils doivent posséder ; ils cessent de l'estimer ce qu'il vaut ; ils le négligent, aulieu de lui rendre le devoir aimable, de l'orner par les vertus, de l'embellir par le charme du plaisir, & les grâces séduisantes de la satisfaction : alors, ma fille, ce cœur abandonné, se flétrit, se ferme ; il devient aride, brute, sauvage : qui rappelerait à lui ? on n'a rien fait qui doive y attacher : le malheureux qui le perd, n'a ni le mérite réel, ni soins, ni complaisances à regretter : la haîne survient nécessairement ; le malheur la suit, traînant à ſes côtés les mauvais procédés, le dégoût, les rebuts, les dédains, la dureté, les querelles, les injures, & quelquefois les poiſons.... Sans doute, ma fille, que ce tableau vous épouvante. Il me ſemble vous entendre me dire: —*Ah ciel! tout le mal que vous venez de peindre exiſte-t-il*—? Hélène, le tableau n'était pas achevé; mais je vous épargne le reſte, & je reviens à votre mère.

Son amour pour moi était un feu qui ſe ſervait d'aliment à lui-même. Sur la fin de ſa groſſeſſe, elle paraiſſait beaucoup ſouffrir. Elle vit ma ſenſibilité, mes inquiétudes: elle m'en aima davantage; mais elle diſſimula doublement. Elle me déroba ſes peines; elle affecta plus d'enjouement: elle fit plus; on aurait dit qu'elle cherchait à me préparer à la perte que j'étais ſur le point de faire; elle parut indifférente. Louiſe ſavait que l'amour eſt communicatif comme le feu, & qu'en rendant plus rares ces entretiens délicieux où les âmes ſe confondent, on eſt moins à la tendreſſe; elle prit ce parti, afin que je fuſſe moins occupé d'elle. Louiſe ſe trompa, mais ce moyen était fait pour réuſſir: & quelle reconnaiſſance ne devais-je pas à celle qui ne ſongeait qu'à ma tranquillité, dans des circonſtances où tant de femmes excèdent les bornes & laſſent la complaiſance la plus décidée! je lus dans ſon cœur: je vis que ſa joie était feinte: l'indifférence qu'elle affectait m'effraya; je la crus l'effet d'une âme épuisée par les souffrances & la contrainte qu'elle s'était imposée. J'allais me plaindre d'elle à elle-même ; l'engager à me laisser porter la moitié de ses peines ; mais une conversation entr'elle & sa sœur, que je fus à portée d'entendre, m'en empêcha.

Quelques jours avant votre naissance, ma fille, votre mère se mit un soir au lit de fort bonne-heure. La Comtesse était auprès d'elle ; toutes deux s'entretenaient avec cette affection, cette confiance, qu'elles eurent toujours l'une pour l'autre. Louise disait à sa sœur : —Pour la première fois de ma vie, le temps me paraît s'écouler avec lenteur : mon état m'ennuie : quand finira-t-il ? —Bientôt, ma chère, tu vas oublier ce qu'il t'en coûte, pour ne songer qu'au plaisir d'être mère. Une femme sensible se croit bien plus véritablement unie à l'époux qu'elle adore, lorsqu'un tiers qui leur doit à tous deux le jour qu'il voit, l'air qu'il respire, vient réclamer leurs caresses & ces noms si doux, dont les mères connaissent seules toute l'énergie. O ! ma sœur ! quand, en voyant le jeune Marquis, j'ai prononcé ce mot, *mon fils*, & que je lève ensuite les yeux sur son père ; ce n'est plus un homme ; il me paraît un Dieu ; un être bienfesant à qui je dois le glorieux titre de mère, & la noblesse de mon existance. —Comme elle peint, cette aimable Henriette ! va, ma sœur, je ne suis pas indigne de toi. —Je sais bien plus : c'est à vous, autant qu'à mon époux, que je dois les ſentimens que je viens de montrer. —Ce pauvre de B** ! —Vous le plaignez ? —Il le faut bien, puiſque je l'afflige. Je lis dans ſon cœur . . . . mais comment faire ? . . . Juge de mes ſentimens par les tiens : irai-je à tout moment, l'étourdiſſant de mes plaintes, doubler mon mal, en le lui voyant reſſentir ? irai je, en lui montrant toute ma tendreſſe, rendre ſon âme plus ſenſible au coup qui, peut-être ... que ſait-on, ma ſœur ?... va nous ſéparer ?... —Nous ſéparer !... Ah ! Louiſe ! je croyais t'être chère : je ne croyais pas que ce mot pût t'échapper, quand nos craintes.... Ma ſœur, c'eſt nous haïr tous que de vous occuper un moment de cette penſée. —Non, chère Henriette, non, je ne m'en occupe pas ; je ne m'en ſuis jamais occupée : mais ſi perſonne ne doit compter ſur la vie.... —Eh je compte ſur la tienne pour être heureuſe, ma ſœur, s'écrie Henriette en pleurant. —Ne m'attendris pas, ma chère, reprit Louiſe au bout d'un moment, en careſſant ſa ſœur, qui s'était jetée dans ſes bras : mon cœur ſe fond . . . . O mon cher mari, ô ma ſœur ! tout ce que j'aime au monde...— Lorſqu'elle commença cette exclamation, je ne pus réſiſter ; je m'avançai : au bruit que je fis, elle s'arrêta ; & ne ſe doutant pas que je l'euſſe entendue, elle montra beaucoup de plaiſir de me voir. J'allai me mettre de l'autre côté de ſon lit, & l'entretien prit une tournure plus riante. Je me prêtai aux vues de mon épouſe; j'affectai cette tranquillité joyeuſe, aſſez ordinaire à ces hommes peu ſenſibles, que la convenance & l'habitude ſeulement attachent à leurs compagnes; qui, honnêtes-gens & bons citoyens, ſe voyent avec tranſport ſur le point de porter le nom de pères; mais que la mère intéreſſe moins qu'ils ne le croient eux-mêmes, parce qu'ils s'aiment uniquement, (& de la meilleure-foi du monde) en croyant beaucoup aimer leurs femmes. Je remarquai ſur le viſage & dans les manières de mon épouſe un changement qui tenait du prodige; l'enjouement & la gaîté ſuccédèrent aux larmes qu'on avait répandues dans le ſein d'Henriette: cette attention fit ſur moi l'impreſſion la plus profonde: je me dis, Je la contrains: je gêne un épanchement qui la ſoulageait; cette apparente ſatisfaction eſt un ſacrifice qu'elle me fait; elle ſouffre, & paraît jouir du bien-être; cependant j'allais me plaindre! éloignons-nous; c'eſt à moi qu'il convient de lui faire des ſacrifices; il ſerait cruel de jouir de ſa généroſité. Je quittai mon épouſe, en prenant un air conforme à ſes vues, & j'allai loin d'elle me livrer aux terreurs que m'inſpirait tout ce que j'avais entendu.

Durant mon abſence, Louiſe ne ſongea qu'à moi: —Ma ſœur, dit-elle à Henriette, je voudrais avoir un entretien particulier avec le Comte, va le trouver, & me l'envoie.

De ton côté, ne laisse pas ton frère à lui-même; j'ai cru voir tout-à-l'heure de l'inquiétude dans ses yeux: il était pensif, rêveur, en s'efforçant de rire. Chère amie, la Providence nous a confié les deux frères & leur bonheur, employons tous les moyens de le faire; secondons-nous, remplaçons-nous, lorsque les soins de la sœur sont plus à-propos que ceux de l'épouse. Tu répandras la gaîté dans l'âme de mon ami, & moi, je concerterai avec le Comte quelques mesures pour le temps, où peut-être, les douleurs m'empêcheront de m'occuper de vous tous autant que je le voudrais—. Elle cherchait ainsi à éloigner sa sœur, parce qu'elle se trouvait fort mal. La fermeté de mon frère, sa raison, le lui fesaient desirer pour consolateur & pour unique confident. Le Comte vint auprès d'elle, ils s'enfermèrent: –Mon frère, lui dit-elle, vous seul ici connaissez le néant de la vie; je sais que vous ne me parlerez que raison, quelles que soient les choses que j'aie à vous dire. Écoutez-moi. Je crois que je ne vivrai pas longtemps; mais la mort ne m'effraie pas à cause de moi: n'ai-je pas été heureuse des années? & combien en est-il qui finissent, sans avoir éprouvé une heure de ma félicité! mon frère, il est un homme que nous chérissons tous deux, que j'adore; c'est pour cet homme-là que ma fin. . . . Je n'envisage que lui dans la cessation de la vie. Sans vous arrêter à me consoler, ce qui serait superflu, prenez le ſeul moyen de me faire conſidérer mes derniers momens ſans horreur : ſongeons, rêglons enſemble la manière dont on s'y prendra pour calmer le plus tendre des époux. Mon frère, mon reſpectable ami, vous ſavez que je n'ai pas à craindre la mort pour moi-même : j'aime mon Dieu ; j'ai coulé mes jours dans l'innocence, & ſi quelques fautes les ont ſouillés, le Père céleſte ſait bien qu'elles n'ont eu pour cauſe que l'ignorance & l'humaine fragilité : c'eſt dans le ſein de ce bon père que j'eſpère un azile : mais ce mari ſi cher,... ce frère que vous aimez... occupons-nous de lui. —Ma ſœur, répondit le Comte, toujours la même, toujours égale !... âme ſublime !... Je veux vous ſervir à votre manière. Eh-bien, vous avez raiſon ; ſongeons à votre époux : auſſibien m'aperçois-je que c'eſt la manière la plus efficace de ſonger à vous. Si le malheur que vous croyez preſſentir nous arrivait.... Mon Dieu ! romperiez-vous la ſociété que vous avez formée !... Non ; vous ne voulez pas nous envoyer des épreuves audeſſus de nos forces.... Que dis-je ! ne ſommes-nous pas trop heureux.... Des mortels doivent-ils goûter ici bas une félicité capable de ſatisfaire les Intelligences céleſtes ?... Ma ſœur, ma tendre amie, eſpérons tout, & béniſſons Dieu : mais ſi ſa main nous frappait, croyez que j'immolerais ma douleur à la conſervation de ce qui nous reſterait : croyez.... —Oh ! je ſais bien tout ce que peut votre vertu ! Mais, mon cher Comte, comment ferez-vous? —Vous le demandez ! —Je n'ignore pas qu'on ne saurait prévoir ce que dicte le sentiment.... Néanmoins.... je croyais pouvoir vous suggérer.... —Femme sensible, prenez garde; tout ce que vous allez dire ne serait efficace que dans votre bouche : laissez à un père le soin de consoler son fils (car c'est ainsi que je regarde mon frère.) Pour vous, vivez, occupez-vous de l'idée d'être mère—. Et sur-le-champ, il sut mettre l'entretien sur un autre sujet.

Enfin l'instant arrive. Hélène entre dans le monde.... O moment!... Louise vous vit; vous reçutes ses embrassemens, ô ma fille!... mais.... le nuage de larmes qui vient d'inonder ce papier, vous répète qu'elle n'est plus.... O mon épouse.... Le temps n'a pas émoussé la pointe du poignard : je ne saurais ma fille, vous faire le tableau.... Une mère mourante... votre père.... vous, ma chère Hélène, vous-même, dans ses bras.....

Quel vide elle laissa dans mon cœur! Ni mon frère, mon digne frère, ni la sensible Henriette, ni vous, ma fille, ne pûtes le remplir. Une épouse est pour l'honnête-homme, la lieutenante de la Divinité : il voit en elle le terme temporel de sa félicité, comme il en entrevoit la plénitude & le complement éternel en Dieu même. Il trouve dans son épouse ce que ne peuvent procurer aucun des autres attachemens, le double de lui-même; une identité, une unité aussi intime que celle de son âme & de son corps. Il pense devant elle, elle mêle son idée à la sienne, & des deux ils en forment une seule pensée, une seule volonté. O douce union! ô le plus précieux des effets de la société! tu ne peux exister ainsi qu'une fois dans la vie; quiconque peut aimer deux fois, prouve qu'il était incapable d'aimer ».

Voila, je crais, à-peu-près en quels termes était conçu cet écrit que l'amour paternel traça pour une fille chérie.

Hélène en le lisant à madame de Th**, ne pouvait contraindre ses larmes. Cependant il lui parut court; elle aurait desiré qu'il fût plus circonstancié. Les deux amies s'entretenaient à ce sujet en présence de la Comtesse de T***. —Nous nous croyions les plus tendres, les plus prévenantes des épouses, dit Léonore, nous nous étions bien trompées! qu'il est difficile d'être heureux! —Oui, madame, répondit la Comtesse, l'union actuelle des époux, étant un effet de la société, & non l'œuvre de la Nature, elle suit le sort commun de tout ce qu'ont fait les hommes, qui ne peut être ordonné comme les ouvrages de la souveraine Intelligence; ces derniers portent en eux-mêmes tous leurs ressorts: aulieu que l'homme ne pouvant manier que l'extérieur, il faut à-tout-moment qu'il raccomode, qu'il étaye: usez-en de la sorte, mes chères filles: songez que la constance, peut-être naturelle aux femmes, n'est dans les hommes qu'une vertu factice : vous pouvez la leur faire conserver par une conduite entendue, affermir la vôtre en y travaillant, & trouver le bonheur dans ces douces occupations : mais n'allez pas vous desespérer, lorsque vous ne réussirez pas entièrement : prétendriez-vous égaler vos opérations impuissantes à celles de la Nature ? —Léonore, dit Hélène, ce que maman remarque-là me console ; s'ils sont infidèles, ils doivent nous paraître moins coupables. —Moins coupables, reprit la Comtesse ! distinguons ici. Ils seront toujours également coupables envers la société, dont ils auront violé les loix : or l'homme d'aujourd'hui est l'homme de la société, & non l'homme de la Nature ; en vous négligeant, ils auront violé tout ce qu'ils pouvaient violer. Je prétens seulement affermir des cœurs simples & vertueux comme les vôtres, & les empêcher de se plaindre au ciel de la transgression de devoirs qu'il n'a pas imposés—.

Les jeunes épouses & la Comtesse eurent encore beaucoup d'entretiens sur le même sujet : je vous ai rapporté celui-ci, afin de vous dire, mon ami, que nous avons élevé Desirée pour en faire une Louise.

Suite de l'Éducation de Desirée.

Nous avons accoutumé notre fille à fuir la douleur, plutôt qu'à chercher le plaisir : elle se trouvera contente, lorsqu'elle sera sure d'être aimée. Le repos d'eſprit réſultant d'un train de vie règlé, de l'accompliſſement de ſes devoirs & du bon-ordre qui règnera dans ſa maiſon, ſera le ſeul plaiſir qu'elle deſirera. Mon ami, nous l'avons convaincue d'une vérité, dont il eſt encore plus important que les femmes ſoient perſuadées que les hommes : c'eſt que les plaiſirs agitans, vifs, uſent le ſentiment, fatiguent les organes, abrégent la vie; précisément comme les mêts, préparés avec tout l'art empoiſonneur des cuiſiniers, émouſſent les nerfs du palais, & blaſent le goût. Un voluptueux, qui veut jouir véritablement, laiſſe toujours le plaiſir en-deça de la ſatiété; auſſi le ſage Épicure feſait il conſiſter le bonheur des Dieux dans le repos; c'eſt-à-dire dans la puiſſance actuelle de goûter le plaiſir: un tempérament débile avait appris au Philoſophe de la Nature, que le plus à plaindre des hommes, eſt celui dans quî ce pouvoir ceſſe, & qui ſent éteindre juſqu'au chatouillement du deſir; charme qui n'abandonne pas le dernier des indigens. Il faut donc ſe faire un train de vie paiſible, où les plaiſirs ſoient rares, le travail continuel & modéré; avoir pour maxime que l'avant-goût vaut mieux que la poſſeſſion, & que l'inſtant qui précède la jouiſſance eſt plus doux que l'inſtant qui la ſuit. La médiocrité, pour être heureuſe, n'a pas d'autre recette; mais la médiocrité a ſes inconvéniens : elle reſſent quelquefois le beſoin, elle éprouve l'impuiſſance. Aulieu que le riche modéré, n'a réellement que les maux phyſiques à craindre. C'eſt auſſi d'après des épreuves répétées que je me ſuis ſouvent abſtenu: car je me diſais: D'où vient faire ceſſer un état où je ſuis bien, pour un autre qui ſera moins doux ? Différons: laiſſons meurir le deſir; éloignons le plaiſir qui en eſt le terme, pour en faire croître le charme. Nous avons d'abord effectué ces petits raiſonnemens avec notre fille; tous les reſſorts phyſiques ont été mis en action: mais nous n'avons pas négligé les moraux, & ſur-tout ceux qui ſont appuyés ſur la Religion.

C'eſt ici le point le plus important de l'éducation des femmes. Si je connaiſſais un mari qui fût aſſez malheureux pour ne point avoir de religion, je lui dirais: Garde-toi bien d'être ennemi de toi même, au point de détruire cette digue ſalutaire que la crainte de Dieu met aux paſſions, dans le cœur de ta femme: ce ſexe fait pour aimer immenſément, ne peut être rempli par un ſimple mortel; il faut quelque choſe de plus grand; & ſi ce n'eſt pas ſon Dieu, ce ſeront tous les vices. Après avoir convaincu Deſirée par ſon expérience que les vertus réprimantes ſont fondées ſur la raiſon, qu'elles ont pour terme des jouïſſances pures & tranquilles, jamais amertumées par des ſuites deſagréables, nous lui avons fait enviſager des motifs & un terme plus digne de l'Être intelligent, dominateur de toutes les productions de la terre: nous avons élevé ſon âme juſqu'à la Divinité; & la première notion que nous lui en avons donnée, eſt la plus claire & la plus ſimple: *Il eſt tout.*

Pour qu'elle ne prît de l'*Être* aucune fauſſe idée, nous éloignames de ſes yeux toute figure matérielle: les images peuvent être de quelque ſecours aux perſonnes faites, pour réveiller leur piété; mais elles font très-certainement toujours prendre le change aux enfans. Deſirée n'en vit aucune. Le nom de Dieu frappait chaque jour ſon oreille; mais rien ne s'offrait à ſa vue, que l'immenſité du ciel, lorſqu'on le prononçait. Le ſens de l'ouïe eſt celui qui parle le plus directement à l'âme; il eſt le moins matériel de tous les ſens, & le bras droit de l'intelligence. C'eſt par lui ſeul qu'on doit faire paſſer aux enfans les premières idées de la Divinité. Notre fille ſait qu'il y a un Dieu qui eſt *tout:* jamais on n'a fait naître deux notions par ces deux mots, *Dieu* & *tout*. L'imperfection de notre langue, qui ne nous donne que des idées arbitraires des choſes, eſt le premier obſtacle à l'inſtruction: il faut une attention extrême à définir les noms, à montrer leurs rapports avec les verbes (quand il y en a): ces deux mots, par exemple, *Dieu*, *âme*, ne préſentent aucune idée en français, que par la définition: mais dans l'admirable langue des Grecs, *Theòs* a ſon thême dans *Theô*, (je fais) *Dieu* ſignifie donc *le feſeur :* ſi l'enfant demande, *De quoi?* vous répondrez, *De l'univers*, de tout. *Ame*, du mot latin *anima*, *animus*, ſignifie *principe de vie ;* & préſentait aux Latins une idée claire. Mais chez nous, ce mot ne dit rien. C'en eſt aſſez pour vous faire entendre ma penſée, lorſque je dis que la définition grammaticale eſt indiſpenſable parmi nous. Deſirée en eſt reſtée longtemps à cette notion, avant qu'on lui expliquât que le tout viſible n'était pas Dieu, mais qu'il était en Dieu.

Vous le ſavez, mon ami, nous rencontrons à tout moment des obſtacles inſurmontables à nos deſſeins, dans les petites comme dans les plus grandes choſes ; & l'enfant même a des deſirs que tout le pouvoir humain ne pourrait ſatisfaire. C'eſt de cette impuiſſance phyſique que nous avons tiré pour Deſirée les premières notions des attributs de la Divinité.

Elle va ſe promener dans l'avenue du château de S* : des deux côtés, cette avenue eſt bordée de haies vives : préciſément au milieu, l'on a laiſſé un char à quatre roues, qui ſert à charrier les bois ; il remplit tout l'eſpace, & Deſirée ne ſaurait paſſer. Elle me prie de le déranger un peu ; j'y fais mes efforts, & malgré l'aide de Deſirée, qui ne ménage pas ſes forces, je ne puis en venir à bout. Le cocher ſurvient, il nous ſeconde, & le char cède à nos efforts. Je dis à ma fille : Si j'avais eu les forces de Deſirée & de Flamand, réunies

à

à la mienne, j'aurais dérangé le char tout ſeul. —Je le crais bien, répond en ſouriant la petite—. Plus loin, on abatait un arbre: l'on avait coupé les principales racines, il s'agiſſait de l'ébranler: deux hommes le ſecouent, mais envain: pluſieurs hommes arrivent juſqu'au nombre de douze, & l'arbre ne tombe pas. Enfin on paſſe une corde dans les branches, on y attache quatre bœufs, tous les hommes redoublent leurs efforts, & l'arbre eſt abatu. Je ne diſais rien. Mais Deſirée répétait toute-ſeule, —Si les deux hommes avaient eu la force de ceux qui sont venus les aider, & de ces bœufs, ils auraient jeté l'arbre par terre—. Le lendemain, je la menai voir une aîle du château que l'on allait démolir. Deſirée, lui dis-je, vous voyez cette maſſe de pierres; on va l'ôter de là. —Oh! qu'il faudra d'hommes & de bœufs! —Les hommes & les bœufs de toute la province & du monde entier n'en viendraient pas à bout de la manière dont vous l'imaginez: parce que, quoiqu'ils euſſent tous enſemble aſſez de forces, ils ne pourraient ſe placer commodément pour en faire uſage. —Comment fera-t-on? —Lorſque la force manque, on a recours à l'adreſſe ou au détail: un ſeul homme peut détruire ce bâtiment; & voici comme il s'y prendra; il montera ſur le toît, ôtera une tuile, puis une autre, juſqu'à la dernière; enſuite la charpente, puis les pierres des murs, une-à-une juſqu'à la dernière : il ſera longtemps. Si nous mettons deux hommes, il ne leur faudra que la moitié du temps : & ſi nous en mettons trente ? —Ils auront trente fois plutôt fait : mais combien faudrait-il donc de temps à l'homme ſeul ? —Nous allons ſupputer cela enſemble : le maître Maçon que vous voyez, qui donne là-haut ſes ordres, m'a promis que cette aîle ſerait à bas dans un mois, afin qu'on puiſſe profiter du beau-temps pour la reconſtruire : or il met cinquante ouvriers ; donc un ſeul eut été cinquante mois. —Il en faut douze pour faire un an, dit la petite ; c'eſt quatre ans... & deux mois. —Au moins, repris-je ; car les cinquante hommes s'entr'aideront, & feront en un moment par leur réunion certaines choſes où l'homme ſeul mettrait pluſieurs jours. —Oh ! qu'il aurait été longtemps ! —Eh-bien, Deſirée, moi je pourrais ſans peine détruire tout cela en moins d'un jour. —Ah ! mon papa, il faut donc le faire ; ces bonnes-gens s'occuperont à autre choſe. —Je m'en garderai bien ; cette manière d'opérer, détruirait les matériaux qui compoſent l'édifice, & deviendrait dangereuſe pour le reſte du château : je veux ſeulement vous apprendre par-là qu'il eſt un pouvoir dans le monde, bien au-deſſus de celui de l'homme, c'eſt celui du feu. —Oh oui, maman m'a fait remarquer comme il réduiſait en cendres de groſſes buches. —C'eſt ce pouvoir du feu qui fit qu'autrefois certains hommes crurent que cet élément était la Divinité. —Ils étaient bien ſimples! Dieu eſt bon ; mon amie & maman me l'ont dit il y a longtemps ; il eſt meilleur que tout ce qu'il y a de bon, & le feu fait du mal. —Vous avez raiſon, ma fille : le feu n'eſt pas Dieu ; il en eſt peut-être une image imparfaite. —Bien imparfaite donc! —Dieu eſt le créateur du feu, qui eſt un inſtrument dont il ſe ſert pour opérer dans le monde d'admirables effets ; je vous en entretiendrai quelque jour. —Dieu aurait encore plutôt fait que le feu de mettre tout cela par terre. —Comme il eſt tout-puiſſant, un acte de ſa volonté ſuffirait. —Qu'eſt-ce-qu'un acte de volônté? —Voudriez-vous que ce bâtiment fût renverſé, pour éviter de la peine aux ouvriers? —Je le ſouhaite. —En le ſouhaitant, vous avez fait un acte de volonté, mais inefficace : & ſi Dieu l'avait voulu comme vous, l'effet aurait accompagné l'acte : c'eſt une comparaiſon : car Dieu eſt audeſſus de toutes nos penſées—. J'en reſtai-là. Quelques jours après nous allames dans une vigne : la pente du côteau était extrêmement raide : les nuages, emportés par le vent, ſemblaient tous s'abatre ſur le ſommet. Deſirée le remarque, & nous prie de l'y conduire bien vîte, de peur qu'il n'y en vienne plus, & ſe promet bien que nous allons y toucher : j'y vais avec elle ; à-peine je puis la ſuivre. Nous parvenons hors d'haleine ſur un monceau de pierres plus élevé que tout ce qui nous environne: mais ô chagrin! les nuages sont aussi loin de nous qu'auparavant: Desirée tend les bras, & sent son impuissance. —Nous sommes bornés, ma chère fille, lui dis-je; Dieu seul peut tout ce qu'il veut, parce qu'il embrasse tout par son immensité. Je lui fis ensuite remarquer que dans l'éloignement les nuages paraissaient encore s'abaisser, & je lui proposai d'y aller; elle me regarde en souriant; —Ce serait la même chose, dit-elle—. Mais un autre objet va s'emparer de son attention. Nous apercevons dans les buissons un oiseau charmant (une *hupe*): à l'instant, on ne songe plus aux nuages; cet oiseau fait oublier le ciel: on le desire; on me le demande. Je réponds, que je ne saurais le prendre; que ce petit animal, inférieur à nous par tout le reste, nous surpasse par la faculté de voler. —Ah! pourquoi ne puis-je voler, s'écrie Desirée, je l'attraperais, je le caresserais, & le laisserais aller, sûre de le ravoir quand je voudrais! —Rappelez-vous, lui répondis-je, que nous n'avons qu'un pouvoir très-limité; qu'il est un grand Être, celui que nous appelons notre père, qui peut seul tout ce qu'il desire. —Qu'il est heureux! —Oui, ma fille: parce qu'il est puissant, il est bon; & parce qu'il est puissant & bon, il est heureux; mais nous sommes ses enfans; & la puissance que nous avons, nous la tenons de lui. —Nous n'en avons guères: si je pouvais ſeulement voler! —Écoutez, Deſirée, l'oiſeau que vous avez vu, a-t-il des bras? —Non, mon papa. —Lequel préféreriez-vous d'avoir des aîles ſans bras, ou des bras ſans aîles? ceci mérite réflexion: ſongez bien au ſervice que vous tirez de vos bras..... —J'aimerais bien voler, & pourtant avoir des bras. —Mon enfant, les aîles ſont les bras des oiſeaux: les nerfs qui les font mouvoir, ſont les mêmes qui ſervent à mettre vos bras en action: ſuppoſons que vous euſſiez des aîles, eſſaiyez ſi vous pourriez les faire mouvoir ſans remuer les bras? —Mais non! —Vous ne pourriez donc faire uſage de vos bras embaraſſés par des plumes? Ce n'eſt pas tout: il faudraît que votre corps fût conſtruit tout différemment de ce qu'il eſt; que vos bras fuſſent au milieu de votre taille; que votre cou fût allongé; que votre tête fût appetiſſée pour ne pas être d'un trop grand poids; qu'elle devînt pointue pour fendre l'air; que votre cerveau fût conſidérablement diminué, & par conſéquent, il faudrait qu'il admît moins d'eſprits, moins d'âme intellectuelle, & que vous fuſſiez privée de la raiſon humaine, pour être réduite à l'inſtinct d'une volatile: car ſans tout ce changement dans votre conformation intérieure & extérieure, vous ne pourriez voler. —Je ne veux plus voler, mon papa: j'aime mieux avoir de la raiſon, être votre fille. Mais Dieu qui peut tout, vole ſans doute.

—Non, ma fille. Écoutez-bien ceci : lorsque vous avez eu envie de voler, ou de monter ici, pour toucher les nuages, vous desiriez d'être où vous n'étiez pas ? —Oui, mon papa. —Mais Dieu étant partout, ne va nulle part. —Oh que je voudrais bien aussi être partout ! je n'aurais plus besoin de voler, ni que ma tête devînt petite ou pointue.—Ce serait bien pis ; si vous étiez partout, vous rempliriez tout ; il n'y aurait que vous dans le monde, & vous seriez réduite, comme créature unique, à mourir de faim le premier jour de votre grandeur. —Mon papa, & Dieu ? —Dieu, ma fille, n'est pas créé ; il est créateur ; il a tout fait ce que vous voyez : il n'est pas dans ses productions, & ses productions sont en lui ; il n'en est pas nourri ; au contraire, il les abreuve continuellement de son essence : ainsi lorsque j'ai dit que vous péririez de faim, si vous étiez l'unique créature, j'ai voulu dire, que tout ce qui est créé, changeant continuellement de forme, ayant besoin d'être continuellement nourri par d'autres choses créées, qui les préservent du besoin, (c'est une vérité dont la faim que vous éprouvez chaque jour vous a convaincue) vous n'auriez, étant seule, qu'une prompte dissolution à attendre : vous n'existeriez quelques jours que pour languir & souffrir : mais Dieu est par lui-même ; il est la vie même, le mouvement même, qui n'a besoin que de sa propre force pour être : or la vie ne peut mourir ; car elle eſt la vie ou l'être, & la mort eſt le néant, le rien. Nous allons juſque-là, ma fille; & l'intelligence de tous les hommes s'arrête ici: vous en ſavez autant que les plus grands Docteurs, qui ne peuvent pas plus que vous comprendre Dieu. —Pourquoi ne le comprenons-nous pas? —Parce que nous ſommes plus petits que lui: voyez vous cette terre ſur laquelle vous marchez? elle eſt bien grande, mais elle a des bornes. —Comment peut-on ſavoir qu'elle a des bornes? —C'eſt qu'elle eſt ſous mes pieds, & qu'elle n'eſt pas ſur ma tête: dès que je puis dire, Telle choſe eſt ici, & n'eſt pas là, n'a-t-elle pas des bornes? —Oui, mon papa. —De plus: voila le ciel, qui forme comme une voûte; il n'eſt pas la terre, il l'entoure, comme vous voyez. —Oui, mon papa. —Mais cette terre ſi bornée, tâchez, ma fille, avec ces deux petits bras, de la contenir toute entière. —Je ne puis. —Et comment votre petit cerveau concevra-t-il, comprendra-t-il, contiendra-t-il l'idée complète de celui dans qui ſont & cette terre dont vous n'occupez qu'un point, & ce ciel, qui enveloppe toute la terre? Mais deſcendons à des choſes plus faciles: tenez, Deſirée, des deux mains, j'enſerre toute votre taille, je vous enlève auſſi haut que mes bras peuvent atteindre: faites-en autant à votre mère ou à moi. —Je ne ſaurais. —D'où vient? —Parce que vous peſez plus que je ne puis porter— &c.

C'eſt ainſi que nous commençames à lui donner de l'Être par excellence une idée hors de toutes les formes connues : ce qu'il eſt très-important de faire pour deux raiſons : la première, que l'enfant ne ſoit jamais tenté d'attribuer à Dieu nos paſſions, & de le craindre de la même manière qu'il craindrait un homme ſévère & puiſſant : la ſeconde, de l'empêcher d'eſpérer de la Divinité l'accompliſſement de vœux particuliers, & hors des loix de l'économie générale. Deſirée prie Dieu depuis qu'elle ſait articuler quelques mots : elle l'a fait d'abord machinalement, & ſans attacher de ſens à ce qu'elle diſait ; afin même qu'elle ne pût en attacher aucun, avant le plein uſage de ſa raiſon, elle ne chantait ſon hymne à la Divinité, qu'en latin, qu'elle n'entendait pas encore. Nous voulions qu'elle ne louât Dieu, que comme les oiſeaux & les créatures non-intelligentes. La prière du grand Légiſlateur était la première choſe qu'elle diſait en s'éveillant : dès qu'elle était habillée, elle chantait, en s'accompagnant du claveſſin, le pſeaume 8 *Domine Deus noſter*, que j'avais mis en muſique exprès pour elle : elle répétait deux fois le verſet, *Ex ore infantium & lactentium* &c. A meſure qu'elle eſt avancée en âge, nous avons fait marcher les notions de la Divinité ſur la même ligne que les autres inſtructions : de ſorte que, lorſqu'elle a ſu le latin, & qu'elle a entendu ſa prière & ſon hymne, elle avait de Dieu les grandes idées qui conviennent à son essence. Ce n'est pas qu'elle comprît parfaitement tout ce que nous lui disions : par exemple, dans une conversation que nous eumes avec elle, après celle que je viens de rapporter, je lui donnai des notions de la bonté de Dieu, qu'elle n'a comprises que ces dernières années : & cette compréhension est venue toute seule, sans que je l'aie remise depuis sur cette matière. Voici comme je m'aperçus de ses progrès dans le raisonnement.

Nous passions un jour par un village du Morvant, pour aller de S*, à Av** ; c'était un jour de fête : tandis que nos chevaux se reposaient, nous visitames cette Paroisse ; ma mère & mon épouse, suivant leur usage, entrèrent chez ceux que le Curé leur designa comme les plus pauvres, pour leur donner quelques soulagemens. En passant devant le cabaret, nous vimes deux hommes en sortir en se querellant, & sur-le-champ commencer un combat aussi rude qu'opiniâtre. Tandis que j'invitais leurs compatriotes à les séparer, l'un d'eux, beaucoup plus faible que l'autre, fut terrassé par son adversaire : alors la rage du premier, s'accraissant par son impuissance, il saisit avec les dents le nez du plus fort, & d'une main le prit à la gorge, qu'il pressait avec tant d'acharnement, que peut-être il eût fait périr son antagoniste, si nos gens & moi, ne nous fussions jetés entre eux pour les séparer. Desirée ne put s'empêcher de se récrier sur la méchanceté de l'un de ces deux hommes : cependant lorsque tous deux furent remis, je lui fis remarquer qu'ils n'étaient pas plus mauvais l'un que l'autre. Ceci me conduisit à lui donner les raisons des excès où le plus faible, terrassé par le plus fort, venait de se porter ; je les lui fis envisager dans son impuissance même. Tout être faible est naturellement méchant ; c'est comme un contrepoids à sa faiblesse que la nature lui a donné. Parmi les êtres sensibles, le cheval, le bœuf, le chameau, l'éléphant même ne sont rien moins que portés à faire du mal aux autres animaux dont ils n'ont rien à craindre ; mais le renard, le chat, le serpent, &c, qui manquent de force, cherchent à faire des blessures dangereuses : je ne dis rien du lion, & des autres animaux carnassiers, parce que ce n'est pas pour mal-faire, qu'ils attaquent, mais pour se nourrir ; & si quelquefois ils semblent déchirer, sans avoir ce but, c'est une suite de l'habitude. Ainsi jamais le puissant ne fera de mal sans nécessité. Le faible au contraire, toujours sur le qui-vive, cherche continuellement à surprendre le fort, & dès qu'il trouve l'occasion de le détruire, il s'en défait sans pitié. C'est la raison pour laquelle nous ne voyons plus aujourd'hui de ces géans fameux que les auteurs sacrés & profanes nous assurent avoir existé. Leur force même doit naturellement avoir été la cause de leur ruine. Quoi qu'en disent Homère & Virgile, ces hommes devaient être meilleurs que les autres, à raison de leur force; & si l'âge d'or a existé, ce ne peut être que lorsqu'ils règnaient. Mais comme, lorsqu'ils le voulaient, ils pouvaient anéantir un grand nombre de petits hommes, ces derniers les ont haïs à raison de ce pouvoir, & ont profité de toutes les occasions d'anéantir un être semblable à eux, mais dont la *surexcellence* les humiliait. Ensuite, pour justifier leur extermination, on leur a prêté de cruautés inouïes, & tout ce que leurs jalous ennnemis s'imaginaient qu'ils eussent pu leur faire de mal. De-même, Desirée, n'avez-vous pas remarqué que les enfans ont plus de petites malices que les grandes persones! —Oui, mon papa. —Et que les plus faibles sont toujours les plus méchans? —Mais oui! —Que les hommes qui sont débiles ou incomodés sont aussi moins bons que les autres? —Oh oui: car le bossu de S* est bien méchant; & l'on dit que le borgne est traître. —Ma fille, c'est moins un vice de l'âme qu'un effet de leur impuissance, comparée à ce que peuvent les autres hommes. Le borgne deviendrait meilleur, si tous les hommes avaient la complaisance de se faire borgnes comme lui, & le bossu ne serait pas de si mauvaise-humeur, si persone n'était plus fort, ni mieux conformé que lui. Ainsi plus un être est parfait, naturellement aussi meilleur il doit être. Dieu n'eſt-il pas tout puiſſant & ſans égal, puiſqu'il eſt tout? —Oui, mon papa. —Comment doit il être bon? —Autant qu'il eſt puiſſant. —Il eſt tout-puiſſant? —Il doit être tout-bon, infiniment bon. —C'eſt bien répondu. Un Être infiniment bon, doit être bien digne d'être aimé; Desirée? —Oui, mon papa; ſi nous pouvions aimer infiniment, il faudrait infiniment l'aimer. —Pouvons-nous infiniment aimer? —Non; car vous m'avez dit, il y a longtemps, que nous étions bornés. —Pouvons nous être infiniment bons? —Nous ne le pouvons pas. —Et pouvons nous être infiniment méchans. —Pas davantage. —Pouvons-nous être infiniment punis? —Vous m'avez apris, mon papa, que l'offenſe étant faite à un Être infini, tel qu'eſt Dieu, la peine doit être infinie. Ce dogme eſt terrible! & je ne conçois pas comme on peut être méchant en le croyant.

Je n'entrai point, pour le moment, dans une diſcuſſion épineuse de la manière dont Dieu eſt bon, & de celle dont le ſont les hommes: comme ſon opinion n'était pas dangereuse, je la lui laiſſai; me réservant de l'inſtruire là-deſſus, lorſque je vous entretiendrai vous-même de ces matières. C'eſt ce que nous ferons bientôt. En attendant, je vais ſeulement vous faire preſſentir la vérité. La bonté de l'homme eſt une idée de bien-être, relative à ſon goût, qu'il desire aux autres, & qu'il leur procure autant qu'il le peut: la bonté de Dieu n'est pas cela; ce doit être, ce me semble, l'amour essenciel de l'ordre; tout ce qui est dans l'ordre est le bien: tout ce qui est hors de l'ordre est le mal. L'homme qui fait mal, se met hors de l'ordre: si son âme intellectuelle se sépare de la matière, tandis qu'il est dans cet état, cette âme n'ayant plus d'organes pour changer ses déterminations, demeure éternellement hors de l'ordre: & comme elle aime l'ordre, à cause de son origine, qui est Dieu, elle se trouve continûment dans un état qui lui déplaît. Au contraire, celle qui se sépare de la matière avec l'amour actuel de l'ordre, reste éternellement dans l'état analogue à sa nature, & par conséquent elle est contente, satisfaite, heureuse: nous verrons tout cela en agitant la question de la liberté. Revenons à Desirée.

Nous nous servimes de son idée peu exacte de la bonté de Dieu, pour lui faire aimer la Source de son être: ensuite descendant à la Religion du pays où nous vivons, nous lui en fimes connaître l'excellence; elle était alors dans l'âge convenable pour commencer à en suivre toutes les pratiques. Il en est une, qui serait un chef-d'œuvre de politique, si elle n'était pas d'institution divine: je veux dire la Confession. Qui peut nombrer les biens qu'elle a faits, & qu'elle opère encore! mais les abus sont à côté, & malheureusement leur somme mise dans la balance, tiendrait le bien en équilibre. Le ministère du Confesseur a des fonctions plus qu'humaines : il faut, non pour le bien remplir, mais pour qu'il ne devienne pas le plus étrange des abus, une âme pure, droite, éclairée, tranquille. Si l'une de ces qualités manque, le Confesseur est un empoisonneur public, qui va corrompre les mœurs dans leur source. S'il joint à ces qualités le zèle & cette vertu que le christianisme nomme *charité*, c'est un Ange, c'est un bienfait inappréciable de la Divinité ; c'est plus qu'un bon père, qu'un fidèle ami, qu'un bienveuillant protecteur ; c'est plus que tout ce qu'on peut imaginer d'excellent.

L'homme ne peut juger des qualités intérieures que par les extérieures : celles du Confesseur, doivent être une grande modestie ; un dehors franc & ouvert ; une grande affabilité, ou plutôt *affectuosité ;* des manières nobles, & non basses, rampantes, & un âge très-avancé ; il doit avoir passé les cinquante ans, & n'avoir jamais joui que d'une réputation sans tache. Je voudrais encore avec S. Paul, qu'il eût été père-de-famille ; que ses enfans fussent des témoignages vivans de sa capacité ; l'expérience m'ayant convaincu, qu'il n'est point d'âme plus pure, que celle de l'homme qui a rempli tous ses devoirs de citoyen. Loin donc d'admettre aux Ordres de jeunes fats depuis vingt jusqu'à vingt-cinq ans, je ne recevrais de prétendans au gouvernement des âmes, que des hommes expérimentés, qui pourtant auraient toute la ſcience ordinaire dans cet état : j'en ferais la couronne de la vieilleſſe de l'intègre Magiſtrat pour la Haute-Égliſe, & du bon citoyen de tous les états pour le Second-Ordre.

Celui que nous avons choiſi pour lui confier ce que nous avons de plus cher au monde, l'âme de notre fille, avait toutes ces qualités : mon ami, nous avions les yeux ſur lui depuis la naiſſance de Deſirée ; c'était un homme prudent, que monſieur de T*** avait prépoſé pour rendre la juſtice dans trois ou quatre terres voiſines les unes des autres. Il avait fait ſon Droit (ſcience néceſſaire aux Curés de campagne, & à laquelle il eſt étonnant qu'on ne les initie pas) & le titre d'Avocat qu'il prit enſuite, ne ſervit que de degré à la fonction de Juge qu'il était deſtiné à remplir. Sa conduite avec ſon épouſe fut toujours exemplaire : quatre enfans qu'ils élevèrent, n'ayant eu que de bons exemples, imitèrent leur conduite. L'honnête Prévôt ayant perdu ſa compagne, arrangea ſes affaires, établit ſes enfans, & réſolut de conſacrer le reſte de ſes jours à la Religion. Il s'adreſſa à l'Évêque de Langres, & en fut accueilli. Au bout de deux ans de retraite, il fut ordonné, & mon père lui procura la Cure de la principale des

Paroiſſes où il avait jugé. Voila le Confeſſeur de Deſirée ; vous le connaiſſez ; vous l'aimez ; nous avons eu ſoin de vous lier enſemble, afin que vous le pénétraſſiez, & que vous fûſſiez convaincu que nous n'avons permis d'approcher notre fille qu'à des gens eſtimables, dont nous pourrions répondre à ſon époux : mon excellent ami, nous ne l'avons jamais enviſagée ſeule, mais toujours comme deſtinée à être l'épouſe de Roger de M***, & l'inſtrument de ſon bonheur.

Deſirée a donc rempli tous les devoirs de la Religion. La lecture de l'Évangile les lui fit connaître : l'idée qu'elle avait conçue de la bonté de Dieu, les lui fit aimer. Un homme athée, épicurien, pourrait, en toute rigueur, reſter honnête homme : il n'en eſt pas ainſi d'une femme : portée aux extrêmes par ſa conſtitution, la trop grande molleſſe & l'extenſibilité de ſes fibres, elle eſt preſqu'incapable de ce milieu froid, que conſerve un homme, comme le *Wolmar* de la *Nouvelle-Héloïſe*, par exemple. Une triſte expérience le prouve à ceux qui fréquentent les grandes villes, où l'on voit de ces infortunées qui s'abandonnent, & des filles de Théâtre : leur impudence deſcend audeſſous de tout ce que l'homme pourrait ôſer. Auſſi ma mère & mon épouſe, autant & plus éclairées que ces petites philoſopheuſes de la Capitale qui affichent la *liberté de penſer*, ont toujours ſcrupuleuſement conſervé dans leurs cœurs le

feu

feu sacré de la Religion: elles l'ont regardée comme la couronne de leur vertu; & mille fois ma mère m'a dit, Qu'une femme athée n'est plus digne de règner sur le cœur d'un honnête homme (*); que si elle pratique encore ses devoirs, ce n'est que par orgueil; & que ce vil motif peut à chaque instant perdre de son énergie; desorte que l'époux ne doit qu'au hazard, au manque de tentations assez fortes, la vacillante & casuelle fidélité de sa méprisable compagne.

Vous voyez, mon ami, par tout ce que je viens de vous dire, que Desirée ne sera point impérieuse ni vaine des prétendus avantages de sa figure ou de sa condition; tout cela est nul pour elle: encore moins sans frein & sans joug; dès l'enfance, elle a été contrainte, assujétie, non aux hommes, non pas même à sa mère & à moi, mais à ses engagemens, à sa parole, à la raison: les motifs tirés de la Religion sont venus à l'appui des vertus morales; elle a vu dans la Religion, leur prix, indépendant des hommes, indépendant du plaisir des sens, & du bonheur momentané de l'existance précaire dont nous jouissons: mon ami, croyez vous qu'une fille telle que Desirée vous garde le

(*) Les mœurs des Romaines athées, des *Sempronia*, des *Tryphene*, des *Circé*, des *Lesbia*, comparées à celles des *Veturie*, des *Volomnie*, des *Racilia*, des *Cornelie*, montrent quels sont les effets de la Religion sur le second-sexe.

ferment qu'elle doit vous faire devant Dieu, de vous aimer, de vous être fidèle? —O mon père, intérompit Roger, une idée m'occupe, m'enflâme: vos soins paternels ne se bornent pas à nous; ils vont plus loin: toute notre postérité... oui, vous me tracez la route: je la suivrai, je l'indiquerai à mes enfans.... Mon bonheur est donc assuré! il est assis sur des fondemens inébranlables: moi seul je puis y donner atteinte! —Mon fils, on ne peut trop en multiplier les soutiens.

Il est une autre précaution que nous avons prise avec Desirée, lorsqu'elle a eu un frère. Vous savez que dans les familles les plus honnêtes, on accoutume de bonne-heure les garçons à respecter leurs sœurs; à leur marquer des déférences &c. Cet usage est excellent pour les garçons, si on ne l'outre pas; s'ils n'en font pas une habitude machinale, & qu'ils aient le sentiment de cette politesse (ce qui est fort rare): mais quelque soit le motif des frères, cet usage est préjudiciable aux sœurs: les parens les traitent précisément comme ces *Ilotes*, que les Spartiates fesaient gorger de viandes & de vin devant leurs enfans, pour leur donner une juste horreur de l'intempérance par ses suites épouvantables. Y a-t-il, je ne dis pas de la piété, de la raison, mais de l'humanité à traiter ainsi nos filles? à les sacrifier à l'éducation de leurs frères? Car ces infortunées s'accoutument de bonne-heure aux égards, aux déférences; elles se font une habitude, un caractère de la hauteur & de l'exigeance: tant qu'elles sont jeunes & jolies, rien ne les contrarie; mais dans la maturité, dans la vieillesse, sous les loix du mariage, c'est-à-dire, les trois quarts de leur vie, elles payent d'autant plus cher cet empire momentané, que l'*impériosité* leur était devenue comme naturelle, & que les hommes efféminés, les petits-maîtres se vangent sur elles par le mépris & de leur gloire passée, & de tout ce qu'ils sont obligés de céder à celles qui sont actuellement jeunes & jolies. Une mère raisonnable, instruite par l'expérience, ne cherchera-t elle donc pas à préserver sa fille de ces années de dépit, de souverain ennui tout-au-moins, qui, pour les femmes ordinaires, & surtout dans les premières conditions, suivent la perte des attraits? Encore si les fils profitaient toujours de cette aménité qu'on veut imprimer à leurs mœurs: mais la plupart méprisent ce qu'on leur fait honorer; ils savent déja comme pense le monde, & ne donnent que des semblans pour de la considération; leur cœur se ferme à l'estime d'un sexe pour lequel on leur a fait avoir des déférences sans motif; le sentiment d'une secrète jalousie qui les aliène, leur dit, qu'apparemment il n'y en a point de véritable, puisqu'on ne les leur a pas donnés. On eût évité cet inconvénient si dangereux, en ne fesant marquer jamais aux frères de déférences pour leur sœurs, mais en les engageant à leur témoigner beaucoup de bonté; en portant les petites-personnes à subjuguer leurs frères, à s'attirer leur bienveuillance, à la mériter par des prévenances, & même des petites cajoleries, qui ont toujours autant de grâces dans les femmes, qu'elles sont plates, basses & ridicules dans les hommes de tout âge. Par-là, on fournit aux filles des armes pour captiver leurs maris; on les exerce à en faire un usage avantageux; en même-temps qu'on accoutume les hommes à leur céder d'une manière qui ne les avilit pas, & qui est également avantageuse aux deux sexes. Vous jugez bien, mon ami, que ce dernier parti est celui que nous avons pris avec notre fille. Nous l'avons accoutumée à respécter son frère; à se regarder auprès de lui comme un hors-d'œuvre de la famille, destiné à passer un jour dans une autre qui deviendra la sienne. Cette idée juste d'elle-même l'a toujours rendue modeste auprès de son frère; l'a empêchée de rapporter trop à elle nos avantages; desorte qu'à ce moment ils ne lui sont sensibles que par l'affection qu'elle a pour nous: par rapport à elle-même, ceux de votre maison l'affectent bien plus. Ainsi, mon ami, je vous ai préparé une femme modeste, déja toute occupée de vous, qui n'est plus étrangère à votre famille, & qui s'y trouvera comme à sa place naturelle: si vous étiez d'inégale condition, & que ma fille l'emportât sur vous, nous n'aurions rien à redouter de ſon orgueil ; la famille où elle eſt née, n'eſt pas la ſienne ; c'eſt celle où elle entre par le mariage ; elle en eſt convaincue. —Mon père, dit Roger, la conduite que vous avez tenue, aurait corrigé la perverſité du plus mauvais naturel. —Nous n'avons eu à travailler que ſur le plus heureux. —Oui, mon père, elle n'en avait pas beſoin. —Vous vous trompez, mon ami. Il y a grande différence entre les vertus uniquement de tempérament, & celles de choix. Ces premières peuvent ſe démentir, car le tempérament peut s'altérer : les ſecondes ayant des motifs puiſſans dans un goût éclairé par l'inſtruction ſont bien plus ſtables. Un exemple : Jeannette & Claudiche ont le plus heureux naturel : mais croyez-vous qu'elles ſupportaſſent le malheur d'avoir un mauvais mari, & mille autres choſes, comme le ferait Deſirée ? Ce n'eſt pas en ce ſens que l'ignorance eſt le rempart du bonheur. Nous traiterons cette matière dans la ſuite, & s'il eſt avantageux que des femmes aient beaucoup d'eſprit.

Quoique nous n'ayions pas eu deſſein de faire une femme ſavante de Deſirée, nous avons voulu qu'elle apprît le latin. Depuis que je me ſuis perſuadé que cette langue était la ſource de la nôtre, qu'elle s'était formée d'un latin corrompu, qu'on avait parlé très-long-temps ſans l'écrire, je l'ai regardée comme eſſencielle pour l'éducation des filles parmi les gens aiſés. En effet, la clairté des idées dépend beaucoup de celle des mots qu'on employe pour les exprimer : & comment les termes seront-ils clairs, si l'on n'en sent pas la valeur ? Toute personne qui ne connaît pas la langue latine, & qui prononce deux mots très-familiers *parcourir* & *préférer*, par exemple, entend parfaitement le premier, dont les deux composans sont français : mais elle ne sait pas aussi bien ce que signifie l'autre ; elle n'en a pas la conscience de la même manière que celle qui saura le latin : celle-là sait confusément, *routinément* ; celle ci voit les rapports, les analogies, saisit, embrasse parfaitement l'étendue de la signification. Que serait-ce, si je vous citais des termes moins connus, que les trois quarts de la nation ne comprennent pas, & auxquels par conséquent ils n'attachent que des idées confuses ; ce qui les retient dans un abrutissement qui fait quelquefois mon admiration. Car j'ôse vous assurer, mon ami, que l'homme sauvage, & les anciens habitans de la terre non-policée n'étaient pas aussi brutes que les Paysans & les Artisans des Nations où fleurissent les arts : & cela n'est pas surprenant. Les langues simples des Sauvages anciens ou modernes sont toujours analogues aux choses, & ne présentent que des idées claires ; les langues des Nations policées, sont ou compliquées comme le grec & le latin ; (ce qui est un défaut assez grand, mais bien moindre que celui de nos langues modernes) ou n'ont que des rapports subtiles & métaphysiques, non aux choses, mais aux termes d'une langue inconnue qui est elle-même compliquée : tel est le cas des langages formés des langues mortes, qui déja s'étaient éloignées des analogies. Jugez quel petit nombre d'idées nettes & distinctes notre peuple non-instruit doit avoir ? aussi peut on dire, qu'il est ravalé audessous de tout ce qu'on nous rapporte des Anciens & des Nations sauvages. Outre que son vocabulaire n'est pas propre à rendre la moitié de ses idées, les termes qu'il connaît sont sans énergie pour lui à raison des particules augmentatives qui souvent doublent la valeur des mots, & qui sont presque toutes prises d'une langue qu'il n'entend pas. Tels seront les mots *perpendiculaire*, que jamais Paysan n'a entendu, *inférieur*, dont jamais il ne se sert, s'il ne l'apprend à la ville ; *injuste*, qui est dans le même cas ; nos gens d'ici & de S** diront toujours, *cela n'est pas juste*, & jamais, *cela est injuste*, s'ils n'ont vécu dans les villes &c. J'ai préservé Desirée de cette inaptitude, de cet embarras, de cet embrouillement, que doit mettre dans les idées l'ignorance de la valeur des formatifs des mots. Nos femmes de condition apprennent l'Italien & quelques autres langues modernes ; cet usage est fort bon ; il étend la sphère de leurs idées ; & comme l'Italien a conservé la plupart des prépositions simples du Latin, qui entrent ſeulement dans nos composés en français, & qui n'ont point de ſens lorſqu'elles en ſont ſéparées ; ces prépoſitions, comme *in*, *per*, *con*, &c, leur deviennent claires par l'italien : mais il ſerait bien mieux qu'elles appriſſent le latin, dont l'utilité eſt beaucoup plus vaſte & plus générale ; puiſqu'il leur abrégerait le travail pour toutes les autres langues, juſqu'à l'Allemand incluſivement. Car, quoique cette dernière langue & ſes filles (le Flamand & l'Anglais) n'ayent pas leur thême dans le Latin, comme l'y ont le Français, l'Italien & l'Eſpagnol, elle n'a pas laiſſé d'en emprunter une multitude de mots : elle a même (abuſivement à la vérité) formé des composés avec les prépoſitions latines, comme *perluſtriren*, parcourir ; *perpendikul*, perpendiculaire ; & beaucoup de termes d'art.

Nous avons été plus loin, mon ami ; comme vous le ſavez, nous avons voulu que Deſirée apprît avec vous un peu de Grec, aſſez pour le ſavoir lire, & pouvoir, en cas d'embarras, trouver la ſignification de ces termes ſavans dont il a plu à nos Pères de hériſſer la langue françaiſe. En effet, ces grands mots, ces mots ſi beaux en grec, ſi expreſſifs, *théologien*, *philoſophe*, *analogie*, *métaphore*, *phyſique*, *étymologie*, *cathéchiſme*, *arithmétique*, *chirurgien*, *cacophonie*, &c. ne peuvent jamais préſenter d'idée à une Françaiſe : tout-au-plus ils rappelleront à ſa mémoire l'explication qu'on lui en a donnée ;

mais ils ne feront jamais image ; jamais ils n'auront pour elle une véritable *énergie* ; (& ce dernier mot lui-même n'en aura aucune, si je ne le traduis par celui de *force*, d'*efficacité*).

Mon épouse ignorait ces deux langues : vous savez qu'elle s'est rendue mon écolière avant ma fille, qui ne tarda pas à vouloir l'imiter. Vous dirai-je une observation que j'ai faite ? c'est que la langue latine ne leur inspira que de la satisfaction ; elles admiraient nos étymologies ; elles se réjouissaient à-peu-près comme un aveugle qui commencerait à voir, quand elles sentaient l'énergie des termes français dérivés du Latin : mais lorsqu'elles en furent au Grec, dans lequel elles découvrirent les racines du Latin lui-même, & l'explication de mots français jusqu'alors très-barbares pour elles, ce fut une sorte d'enthousiasme ; je pus à-peine modérer leur ardeur : ce qui m'a convaincu, que toute femme qui étudiera le Grec, doit se passionner pour cette belle langue, comme madame Dacier.

Je ne saurais vous exprimer combien cette éducation occupante a rendu grandes les vues de Desirée ; combien elle l'a élevée au-dessus des petitesses, qui déparent de jeunes-personnes ayant d'ailleurs mille excellentes qualités ; elle en a sur-tout retiré ce fruit, qu'elle a regardé la beauté de détail, comme infiniment subordonnée à la beauté générale, qui est l'ordre, la convenance physique & morale.

Mais une femme ne doit pas être une ſavante, négligée dans ſa parure, dans ſes manières, dans ſon expreſſion : il faut qu'elle reſte femme, c'eſt-à-dire aimable : & voici le dernier point de l'éducation de Deſirée ; nous avons cherché à lui faire acquerir toute l'amabilité poſſible. La nature avait beaucoup fait, cependant nous avons reconnu que pour former la femme ſociale, il faut toujours l'aider. Souvent la nature n'a pas donné un ſon de voix aſſez agréable ; il faut l'adoucir : une démarche aſſez noble, aſſez aiſée ; il faut y donner des grâces : le ſourire n'embellit pas ; il faut le corriger, le refondre, s'en faire un factice : le mouvement des yeux eſt ou trop vif, alors il annonce l'étourderie, l'inconſidération ; ou trop lent, alors il eſt mat & froid ; quelquefois il eſt effrayant, égaré, par une deſagréable rotation de la prunelle, qui ſe cache ſous la paupière, & ne laiſſe voir que le blanc ; il faut changer tout cela, & ſe faire une ſeconde nature : une femme doit être pour ſon époux le miroir des grâces ; il doit la trouver jolie, ſans qu'elle ait de beauté. Si elle eſt abſolument laide, elle peut encore ſe rendre aimable par un ſon de voix ſi doux & ſi touchant, qu'il aille toujours au cœur. J'ai connu dans cette province une femme que la petite-vérole avait abſolument enlaidie : en la voyant on était tenté de fuir ; un mot ſorti de ſa bouche vous arrêtait ; & ſi vous l'écoutiez un demi-quart d'heure, elle vous fixait auprès d'elle, tant sa voix avait de douceur & d'agréabilité. Les femmes laides doivent particulièrement s'attacher à se donner les grâces de l'énonciation ; mais sans affecter, ce serait tout perdre.

C'est pourquoi la bouche ne doit pas être négligée : on doit veiller de bonne-heure, à faire éviter aux enfans tout ce qui peut la déformer, & donner à leurs dents la plus grande attention ; c'est dans le temps de la chute des premières, qu'il faut proportionner les alimens aux forces des nouvelles ; être attentif à ce que les enfans n'en prennent ni de trop chauds, ni de trop âcres, comme les salades, les fruits verts ; à ce qu'ils ne mangent point de ragoûts trop relevés &c ; parce que tout cela mord sur un émail tendre & le jaunit : il faut de même leur faire éviter les alimens trop durs, depeur qu'ils ne dévient quelques-unes des dents, & ne les forcent à prendre une fausse direction, qui déparerait tout le ratelier, ou bien obligerait d'avoir recours à l'art dangereux du Dentiste. De même, on ne doit leur permettre de se laver la bouche qu'avec de l'eau pure ; leur faire éviter le mauvais air, qui, lors même qu'il n'incommode pas la santé, ne manque jamais son effet sur les dents. Ce genre de beauté, de perfection, est de la dernière importance dans les deux sexes, & toujours en raison double dans les femmes. Une bouche saine, bien garnie, peut faire oublier la laideur; comme le contraire anéantit le charme de la beauté.

Nous n'avons rien négligé de tout cela pour Desirée : c'est pour nos enfans que nous avons quitté la Capitale; c'est pour eux que nous vivons encore à la campagne aujourd'hui. Vous voyez, mon ami, que l'air excellent de S* a influé sur eux : ni Desirée, ni son frère n'ont aucune des incommodités si fréquentes à la ville; taille parfaite, teint de santé, haleine pure, force de tempérament. La manière de les nourrir a secondé la *favorabilité* du local : voyez cette humeur égale de votre amie; elle est presqu'autant l'effet des alimens doux qu'elle a toujours pris, que de nos attentions à la former, à ne pas aigrir son esprit par des contradictions mal-entendues. Ayez soin, mon fils, lorsque vous serez unis, qu'elle continue ce genre de nourriture, autant pour elle que pour vos enfans; comme de votre côté, vous entretiendrez pour son esprit le régime que nous avons observé. En effet, comment des fibres continûment abreuvées de sucs âcres, mordicans, n'éprouveront-elles pas des mouvemens demi-convulsifs, sur-tout dans les femmes, dont les nerfs trop flexibles vont plus facilement aux extrêmes. Voyez-les dans l'ivresse, elles sont beaucoup plus folles que les hommes: les nourritures irritantes ne produisent pas un effet aussi sensible que les liqueurs ſpiritueuſes, mais elles opèrent ſourdement. C'en eſt aſſez ſur cette matière : revenons à l'amabilité.

Elle eſt eſſencielle aux femmes: elle fait partie de leur être : elle eſt indépendante de la beauté de forme; mais la beauté des traits l'augmente : une femme ſans agrémens dans les traits, ſans amabilité dans les manières, eſt un monſtre qui n'eſt bon à rien; il faut la ſéqueſtrer; & comme, pour plaire à l'Être ſuprême, la figure & les grâces ne ſont rien, ſi les couvens ſubſiſtaient, je voudrais qu'ils ne fuſſent peuplés que de ces êtres informes, propres à attriſter la ſociété, à perpétuer même l'*affreuſeté* par leurs enfans. Ainſi, Roger, quoique je penſe que la beauté ne ſoit pas néceſſaire au bonheur; qu'un homme eſt preſque toujours plus heureux avec une femme *non-belle*, je ſuis pourtant perſuadé qu'une épouſe ne doit pas manquer de tous les genres de beauté; la *mignoneſſe*, au moins partielle, particulière, lui eſt eſſencielle; il faut qu'il y ait en elle quelque choſe où l'œil puiſſe s'arrêter avec ſatisfaction, avec complaiſance; & ſur-tout que l'oreille ſoit agréablement affectée du ſon de ſa voix, de ſon rire, &c. Cette *agréabilité* fait oublier les défauts des autres parties. Exemple: une femme eſt laide, mais elle a le ſourire charmant: rit-elle, toute ſa laideur s'évanouit; l'homme qui l'a vu ſourire, ne la voit que dans cette diſpoſition, lors même qu'elle eſt le plus ſérieuſe : ou bien elle a le ſon de voix enchanteur ; dès qu'il l'aperçoit, il croit l'entendre : ou bien la bouche appétiſſante, il ne voit que ſa bouche, &c.

Deſirée a donc appris de nous à donner au ſon de ſa voix, à ſon ſourire, au mouvement de ſes yeux, à ſa démarche, à ſon inaction même un mode, une manière, qui rend tout intéreſſant en elle ; qui fait qu'on ne peut imaginer qu'il ſoit poſſible que cela ſoit mieux. Nous lui avons fortement inculqué cette maxime : *Il vous eſt auſſi eſſenciel de plaire que d'être vertueuſe : tous-deux ſont néceſſaires à votre bonheur : ſi vous ne plaiſez pas, vous n'êtes pas femme ; vous êtes au-deſſous de tous les êtres, car vous n'êtes pas ce que vous devez être, vous n'êtes bonne à rien. Or on ne plaît pas toujours par la beauté ; acquerez donc ce qui vous eſt néceſſaire pour plaire toujours ; les grâces, les talens ; maintenez votre ſanté autant qu'il ſera en vous, non par de vains deſirs de vous bien porter, par des recours fréquens à la Médecine, par la ſatisfaction de goûts deſordonnés, par la ſenſualité, la pareſſe ; mais par la modération dans toutes vos fantaiſies.* Et nous ſommes parvenus à la perſuader, parce que ſa mère & la mienne l'inſtruiſaient d'exemple. Sans cet efficace moyen, croyez, mon ami, que toutes les leçons euſſent été parfaitement inutiles.

Si nous avions cet entretien devant les raiſonneurs des villes, ils ne manqueraient pas de nous dire, Que toutes les filles desirent de plaire, & qu'il est assez inutile de les y préparer par l'éducation. S'il ne s'agissait que de plaire, tandis qu'elles sont filles, je penserais comme eux (du-moins pour le plus grand nombre, & non pour toutes) mais elles doivent plaire étant femmes; & quand la pointe du desir est émoussée, elles doivent savoir plaire sans y songer, naturellement, avec cette aisance qui nonseulement fait charmer, mais qui fait continuer à plaire. Desirée sachant qu'elle devait paraître aimable, en prenait tous les moyens, avant d'avoir le sentiment, qui fait que les filles desirent d'être trouvées belles : ainsi, les grâces sont en elle l'effet de l'habitude ; elle les conservera jusques dans la vieillesse : & c'est ce que nous avons prétendu.

En effet, quelle merveille, qu'une fille dans qui le besoin d'aimer étouffe les autres goûts, emploie toute son adresse pour se rendre intéressante ? elle est nécessitée à le faire, c'est dans elle un instinct ; & ce besoin d'aimer se manifeste de mille manières : à la Capitale même, où les goûts naturels sont presque tous détruits, où l'instinct physique est remplacé par des fantaisies, j'observais un jour une très-jolie personne, d'environ seize ans, qui caressait avec transport les enfans du premier âge ; elle quittait tout pour eux, & leur rendait avec plaisir, avec enjoûment les services les plus desagréables : cette jeune-fille fuyait les hommes, & pafaiſſait les haïr ; ſon goût pour les enfans était le ſeul indice des mouvemens ſecrets de ſon cœur : un habile homme me diſait à ce ſujet, que l'ouïe & la vue admettent une multitude de corpuſcules qui s'échappent des autres corps par les mêmes organes ; deſorte que deux Amans ſe touchent véritablement, quoiqu'à une certaine diſtance, à-peu-près comme deux goutes d'eau communiquent déja par leurs atmoſphères avant que la jonction ſoit perceptible pour nos yeux ; auſſi la perſuaſion de la part d'un amant eſt elle autant l'effet purement phyſique de ſes diſcours & de ſes regards, que de la nature des choſes qu'il dit. (*) : ainſi, continuait il, dans une femme bien conſtituée, la préſence d'un jeune enfant remue les mêmes nerfs que l'amour fait agir; parce que dans les femmes (& les femelles des animaux) le

(*) Voici une autre preuve de cette émanation par les yeux : un Eccléſiaſtique, très-vertueux, mais à qui la Nature avait donné un cœur trop tendre, voyait avec un *intérêt* involontaire, quelques jeunes-perſonnes : (je dis *intérêt*, car c'était tout ce qu'il éprouvait) : il arrivà ſouvent que cet intérêt devenait très-vif, puis qu'il ſe ralentiſſait conſiderablement. Il eut occaſion de remarquer, à ces redoublemens d'intérêt, qu'ils étaient ſuivis du mariage de la jeune-perſonne Cette obſervation ne le trompait jamais. Son goût involontaire pour les femmes, l'avait effraiyé au point qu'il évita longtemps d'exercer le miniſtère de Confeſſeur : devenu raſſis, il céda aux ſollicitations de ſes Superieurs : il reconnut alors, que la paſſion excitée ou éteintedans les jeunes-perſonnes qu'il voyait, affectait ſon âme des mêmes mouvemens. [*Note de l'Editeur*.]

sentiment

sentiment de l'amour, celui de la tendresse maternelle, & celui du besoin que la mère a de son fruit, se tiennent, agissent par les mêmes nerfs, & dépendent des mêmes organes; l'amour des enfans est donc en elles le contrecoup naturel d'un fort panchant à aimer, mais qui doit s'exercer de la manière la plus innocente, la plus digne de la femme. Mon ami, Desirée porte ce goût pour les jeunes enfans aussi loin que vous savez; leurs cris font couler ses larmes; elle se jeterait pour eux à travers les plus grands dangers, nous en avons eu plus d'une preuve. Mais reprenons ce que je disais. Toutes les filles, dans l'âge où la Nature les achève, ont physiquement le desir de plaire; elles en prennent naturellement les moyens avec plus ou moins d'adresse: mais il faut que l'art leur apprenne à suivre ces moyens audelà du terme donné par la Nature; la femme sociale doit plaire toute sa vie; elle ne doit pas ressembler aux fleurs stériles, mais au fruitier, qui charme les yeux au printemps, & ne plaît pas moins en automne.

Nous n'avons pas oublié de mettre en considération la *quantité* des alimens: il est une certaine proportion qu'il faut établir entre le tempérament de l'enfant, & sa nourriture, en se règlant d'après une préparation saine, mais non excitative, prise en santé parfaite jusqu'à la satisfaction de l'appétit: je dis, *une préparation non-excitative*, car l'enfant, laissé à lui-même, avec des alimens excitatifs & ſucculens, ſurchargerait ſon eſtomac, & en gâterait enfin le reſſort. La quantité prudemment règlée de la nourriture a deux avantages; le premier d'accoutumer à manger peu (très-important pour les trois-quarts du genre humain, & pour tout le monde dans certaines rencontres difficiles) le ſecond, de procurer la minceur & l'élégance de la taille: ce dernier avantage demande quelqu'attention pour être conſervé; car pour peu qu'une femme élevée de la ſorte s'oublie, lorſqu'elle eſt mariée, & qu'elle écoute trop ſon appétit, elle tombera dans la corpulence, à diſpoſitions égales, plutôt que celle qui n'aura point ſuivi de régime. Nous avons règlé Deſirée d'après une épreuve conſtante, réitérée d'année en année; elle pouvait manger moins, & jamais plus: il en eſt réſulté pour elle, outre les deux avantages dont je viens de parler, une admirable ſobriété.

Avant de terminer ce qui regarde l'éducation de Deſirée, je vais entrer dans quelques détails ſur la différence de conduite que nous tenons envers le frère & la ſœur. Vous ſavez, mon ami, que nous avons élevé Deſirée pour aimer: nous avons de bonne-heure pénétré ſon âme de cette douce chaleur, pour la lui rendre naturelle: nous l'avons, pour ainſi dire, détachée de nos biens, de nos avantages, de notre maiſon, pour ne la rendre ſenſible qu'à l'illuſtration, & aux avantages de votre famille. Nous l'avons rendue careſſante, mais non importune, timide, modeſte, & pourtant deſireuſe de plaire, ſoigneuſe de ſe parer, difficile ſur ſes ajuſtemeus, c'eſt-à dire, y voulant plus d'élégance & de propreté que de richeſſe &c. Nous ſuivons pour ſon frère une route preſque toute oppoſée. *Antonin* de T*** eſt élevé dans une ſorte de cyniſme & de dureté pour lui même; nous n'avons craint aucun des inconvéniens de l'éducation actuelle, autant que la délicateſſe de nos jeunes efféminés. Il couche, comme vous le ſavez, dans un branle ſemblable à ceux des marins, garni d'un matelas fort mince: ſa chambre eſt une eſpèce de corridor où tout le monde va & vient, & comme ce branle gêne les plus grands, ils ſont obligés de l'agiter pour paſſer; le ſommeil d'Antonin n'en eſt pas intérompu: le bruit ne fait ſur lui aucune impreſſion deſagréable: ſes habits ne ſont que de toile en tout temps: ſes jeux ſont des exercices violens, la courſe, la lute avec les camarades que nous lui avons choiſis, le port de fardeaux peſans, & dont j'augmente tous les mois le poids d'une livre. J'ai établi l'eſpèce de Pancrace, auquel nous avons joué nous-mêmes, exprès pour lui; vous ſavez qu'il y paraît preſque nud, comme les anciens athélètes grecs, & que les coups de lanière les plus vigoureux lui arrachent à peine un ſoupir: couvert de ſueur & de pouſſière, il rentre, fait ce que ſa mère lui ordonne, ſans le moindre ſigne d'impatience, on de honte de ſa malpropreté, & va, lorſqu'il eſt libre, ſe jeter dans l'étang. La natation eſt le dernier des exercices du jour; elle exerce dans un art néceſſaire, ſur-tout au Soldat de terre ou de mer, lave & délaſſe le corps, que les autres parties de la Gymnaſtique ont fatigué. Il y a toujours un petit combat dans l'eau, & l'adreſſe eſt recompenſée.

C'eſt ſa mère qui donne les ordres; l'on a recours à moi pour les ſciences. Le reſpect que nous lui avons inſpiré pour ſa mère va audelà de ce que le commun des hommes pourrait imaginer: elle eſt à ſes yeux une divinité. (Et, mon ami, ce ſentiment eſt bien réciproque; quel objet pour Hélène que ſon fils!) par cette conſidération, cette vénération, nous établiſſons dans ſon âme le véritable reſpect pour les femmes; nous le préparons à prendre pour celle qui le rendra père un jour, des ſentimens ſolides & durables. Voyez comme il les regarde toutes; comme il eſt devant elles reſpectueux & timide. Les hommes, quels qu'ils ſoient, ne lui en impoſent pas; ils ne ſont que ſes égaux: une femme paraît, Antonin baiſſe les yeux & s'incline; il croit être devant une créature céleſte. C'eſt ainſi qu'il faut penſer, mon ami, pour conſerver des mœurs pures: car les femmes doivent nous donner nos vertus comme nos plaiſirs; & pour ces deux choſes, il faut que nous puiſſions les reſpecter: il eſt dans la nature, que l'homme cherche à imiter & qu'il aime à posséder ce qu'il trouve plus excellent & plus parfait que lui : aussi tout est perdu dans une Nation, si les femmes y sont méprisables; c'est ainsi que Sparte & Rome perdirent leur liberté; c'est ainsi que parmi nous les mœurs des élégans petits-maîtres sappent sourdement les fondemens de l'État & de la sureté publique. Oui, mon fils, le mépris des femmes, est le mépris de la chasteté, de la retenue & de toutes les vertus qui tiennent à celles-là. Mais (il est nécessaire de vous l'apprendre) sachez que les plus grands ennemis des maximes que nous avons fait sucer à notre fils avec le lait, ce sont les femmes des villes : elles les tournent en ridicule, & craignent les devoirs qu'elles leur imposent ; ces femmes corrompues trouvent mieux leur compte à ne pas être respectées.

Quant à la manière de prendre la nourriture, j'ai considéré que l'homme a plus de rapport avec les carnivores qu'avec les herbivores, pour la quantité des alimens, le temps nécessaire à la saturation, la digestion &c; j'ai donc voulu qu'Antonin imitât davantage la rapacité des premiers, que la tranquille réfection des autres: parce que la rapacité vorace a le même effet pour l'estomac, que l'exercice violent pour fortifier le corps, lorsque, dans l'un & l'autre cas, l'on exerce sans accabler. La voracité peut s'exciter par la faim, lorsque l'on s'y prend de bonne-heure avec un ſujet ſain & vigoureux : c'eſt la raiſon du précepte tant recommandé par les Éducographes, de faire quelquefois ſouffrir la faim aux jeunes Élèves ; précepte entendu de très-peu de gens, & qui révolte bien des perſonnes. La rapacité fait dévorer les alimens les moins excitatifs avec autant de plaiſir que les plus delicats ; ce qui donne un excellent chyle ; car ces mêts étant reçus avidement par un eſtomac fort, & n'étant point chargés de ſels corroſifs, ils portent dans les veines un ſang doux, duquel il ne réſulte que des humeurs non-irritantes, des eſprits-animaux bien règlés, & parconſéquent une ſanté parfaite, des paſſions peu tumultueuſes, une raiſon ſaine ; témoins les Lotophages, & nos Payſans des lieux où la nourriture eſt la plus ſimple. L'eſprit ſeul ne gagnera pas à ce régime ce qu'on nomme le *ſel*, le *brillant*, l'*acutum ;* car il ſemble prouvé que les nouritures recherchées & relevées par les épiceries, changent en ſémillance le phlegme naturel aux climats froids ; d'où il ſuit que l'*eſpritiſme*, ſi fort à la mode, tant accrédité parmi nous, eſt une dépravation, un dénaturement de l'homme né dans notre France. Mon cher Roger, je deſire ardemment d'en préſerver mon fils. Son éducation tend à le rendre robuſte comme Charles-XII, vertueux & frugal comme Fabius ou Turenne, patient comme un enfant de Lacédémone, & bon comme Henri-IV.

Nous avons auſſi parlé de la Religion à notre fils beaucoup plus tard qu'à ſa ſœur : outre que la raiſon eſt moins hâtive dans les garçons, qu'ils ne ſont pas auſſi dociles, il eſt moins dangereux de les laiſſer ſans frein juſqu'au dévelopement de la raiſon.

VOILA, ma chère Deſirée, comme j'ai rendu compte à Roger de notre conduite envers vous : je vous le rappelle, afin que ces commencemens heureux vous guident pour tout le reſte de votre vie. J'ai ſouvent penſé que tous les parens qui aiment la vertu, devraient faire, comme nous, un Journal d'Éducation, qui paſſerait des pères aux enfans ; car un ſyſtême de famille ſerait bien plus efficace que les plus beaux Traités, que les livres de Locke (de monſieur Rouſſeau lui-même) & de tant d'autres qu'on publie tous les jours (*).

(*) J'avoue que le motif qui m'a déterminé à publier cet Ouvrage, a moins été de tracer un Plan de conduite à ſuivre, que de donner aux parens vertueux un modèle de ce JOURNAL D'ÉDUCATION, que le Comte de S* conſeille ici de faire pour leur famille. Ce ſerait un livre bien beau, bien utile pour tous les rejetons d'une Maiſon, que ce précieux Journal : il n'y en aurait pas dont la lecture fût auſſi efficace pour les mœurs. [*Note de l'Éditeur.*]

Lundi, troisième semaine.

Nous partimes dans la matinée pour nous rendre à S**, comme il avait été décidé la veille ; Toussesjours vint nous installer : sa maison, située à deux cents pas du bourg, me plut infiniment ; sur-tout je fus charmé du grand jardin, & de l'enclos de prés qui est au midi. Mais vous connaissez tout cela. Nous employames cette première journée à reconnaître les lieux, à rendre nos devoirs au Curé, chez lequel nous trouvames le Procureur, qui l'avait avantageusement prévenu en notre faveur, le Lieutenant du Bailli, le Maitre-d'École, & quelques-uns des principaux habitans. Le Pasteur nous fit un accueil obligeant, nous conduisit à l'église pour nous y designer une place commode, & nous accompagna jusqu'à notre maison. J'eus occasion de remarquer, en nous en retournant, que la jeunesse de S** était plus qu'à-demi sauvage ; ils nous regardaient deloin, mais dès que nous approchions, ils fuyaient comme un troupeau de lièvres timides ; ce qui me surprit d'autant plus, que nous étions habillés à leur manière. Le Pasteur nous dit en souriant, que tout ce qu'ils ne connaissaient pas les épouvantait de la sorte, mais qu'ils se feraient à notre physionomie.

Le bon Tousſlesjours, après nous avoir donné pour aide un homme du pays qui connaissait tous ses champs, nous quitta les larmes aux yeux, en me recommandant Claudiche & Jeanette, qu'il laissait avec nous.

MARDI.

Le lendemain nous allames labourer sur un côteau si pierreux, qu'àpeine découvrait-on de la terre. Roger me dit : Mon père, je crois que nous perdons le grain que nous semons ici. —Au-moins, lui répondis-je, ne retirerons-nous guères audelà de notre ensemençage : mais nous aurons une paille menue, qui fait un bon fourrage durant l'hiver, & qui nous fournira des engrais. Le pays où nous sommes est celui du travail ; dix arpens rapportent comme un du finage que nous quittons ; il n'est qu'un moyen pour se mettre au pair, c'est de travailler dix-fois autant. —Triste moyen, reprit Roger, pour ceux dont le pain en dépend abſolument! —Impraticable même pour ceux qui connaiſſent une vie plus douce, repris-je, mais ſupportable pour les S***; une ignorance abſolue leur cache une partie de leur miſère; ils la ſentent, mais heureuſement ils ne la comparent pas; & c'eſt-là ce qui rend l'homme capable de tout endurer. —Je conçois que cette comparaiſon du bien-être de nos ſemblables avec notre beſoin, eſt ce qui doit faire le ſupplice de la populace des villes: mais les Payſans de ce village ſont accablés, & le peuple des villes mène, ce me ſemble, une vie plus douce, ils ont une nourriture plus ſucculente, plus agréable, avec moins de travail. —Vous venez de mettre le doigt ſur la cauſe de toute corruption: cet aſſemblage diſparate, informe qui peuple les villes, cette multitude d'hommes qui ſe regardent comme étrangers les uns aux autres en habitant les mêmes maiſons, ſe voient de trop près, pour ne pas ſavoir quels ſont les biens dont plusieurs d'entr'eux jouiſſent à l'excluſion des autres ; quelquefois même le plus pauvre les a goutés, ce qui rend la privation doublement pénible. Les villes ne doivent offrir à des yeux attentifs, que l'image du malheur ; d'un côté, des deſirs violens & jamais remplis ; de l'autre l'inquiétude & le dégoût enfans de la ſatiété : ce n'eſt pas tout, l'on doit y découvrir une inévitable corruption, car une partie ſent une impuiſſance aviliſſante, tandis qu'un nombre d'êtres privilégiés, au moyen des richeſſes factices, trouvent une facilité qui les rend les dieux du monde. Ainſi, tel deſire l'or, ſource des plaiſirs qu'il envie, & ne peut ſe le procurer par des moyens honnêtes ; tel autre qui poſſède cet or, & nourrit dans ſon ſein mille fantaiſies extravagantes ou criminelles, trouve dans le pauvre un lâche preſque toujours prêt à vendre ſa fille, ſa femme, ou lui-même ; le riche ſouhaite-t-il d'aſſouvir ſa vengeance, il ſeforme des magiſtrats intéreſſés, des témoins parjures, ou des aſſacins, &c.

plus de mœurs, dès que le peuple eſt miſérable, & que la ſomme de l'aiſance eſt le lot de quelques particuliers : mais cette inégalité eſt la maladie de l'état ſocial; maladie effrayante, qui fait quelquefois regretter aux Amis de l'humanité les glands & les forêts. Ici, point de riches; je vous prédis que les mœurs y ſeront pures : qu'un opulent vienne s'établir dans le bourg, il ne tardera guères d'y introduire la corruption, & l'on verrait, avant l'année révolue, quelqu'une de ces filles demi-ſauvages afficher la coquetterie & l'indécence. Ainſi, mon ami, ce mauvais terrein, en éloignant d'ici les acquereurs & l'opulence, préſerve le pauvre Payſan de la dégradation, de l'aſſerviſſement aux paſſions des riches; eſclavage plus pénible mille fois, plus aviliſſant que les rigueurs du deſpotiſme & de la misère.

[*Je ſuprime ici quelques articles du Journal, qui contenaient, 1.nt, les détails qui regardent ces nouveaux Payſans, l'eſquiſſe que j'en ai donnée ſuffit : d'ailleurs, leur genre de vie eſt ſi pénible, qu'il déplairait. 2.nt, Des hiſtoires révoltantes, telles que celle d'un vieil-*

lard âgé de 78 ans qui se casse une jambe, & ne veut pas qu'on le guérisse; Parceque, *dit-il*, c'est argent & soins perdus, il va mourir. *Celle d'un autre vieillard qui ne peut marcher, & que chaque jour les hommes de charrue qui vont de son côté portent jusqu'à la vigne qu'il doit cultiver, en se traînant, à l'aide de sa meigle, &c. ces images sont trop affligeantes. Je passe à l'histoire du Père d'*Aglaé de Th**, *dont l'Éducation offrira quelques détails neufs & singuliers*].

VENDREDI.

Je vais enfin présenter des objets plus rians à Roger : vous arrivez lundi ; je ne veux pas qu'il lui reste la plus légère impression de tristesse. Dans le dessein où je suis de le familiariser avec nos respectables amis, j'ai résolu de lui donner leur histoire, & de suppléer par des récits, à tout ce que nous ne pouvons exécuter ensemble. Je dois ainsi les faire passer tous en revue, & finir par moi : j'éviterai pour-lors de nommer le héros ; je n'aurais pas le front de parler ouvertement de moi, fût-ce à mes enfans, sans un sentiment de honte toujours pénible. Ce matin, j'ai commencé par le père de notre aimable *Aglaé.*

LE SAGE INSTITUTEUR.

MONSIEUR de Th** eſt d'une illuſtre maiſon d'Irlande, qui tire ſon origine de l'une des dynaſties qui ont règné dans cette île : depuis la révolution qui dépouilla les Stuarts, cette famille eſt en France, où elle s'eſt diſtinguée : le père de M. le Vicomte mérita le bâton de maréchal de France, & ſavait allier les qualités brillantes du guerrier, aux paiſibles vertus qui font le bon citoyen. Il eût ſans-doute élevé lui-même ſon fils ; l'on a trouvé dans ſes papiers le Plan de conduite qu'il ſe propoſait de tenir ; mais la mort l'enleva, lorſque le Vicomte n'avait encore que ſix ans. Madame la Maréchale, à qui ſon époux avait fait ſentir l'importance de l'éducation, ne négligea rien pour trouver un Guide ſûr, propre à remplir les vues de monſieur de Th** : elle eut le bonheur ; (ſi rare !) de bien rencontrer.

L'homme qu'on lui préſenta, était âgé d'environ trente-ſix ans. Il avait ſervi, connaiſſait le monde, le cœur humain, la vraie phyſique, & l'utile morale qui en découle. Ses idées ſur toutes ces choſes étaient ſimples & juſtes : on était ſurpris, en l'écoutant, de trouver que les cauſes les plus compliquées en apparence, étaient ſous notre main, & ne nous échappaient, que parce qu'elles étaient trop faciles à trouver. Aussi réduisait-il toutes nos connaissances à peu de principes ; & la morale se trouvait exprimée en un seul mot : *Sois bien*, (*beator.*)

Lorsqu'on lui proposa d'élever le jeune de Th**, il s'y détermina, dans la vue de donner à l'État un Grand qui fût vertueux : cette considération fut la seule ; elle lui fit surmonter sa répugnance, sacrifier ses goûts & ses plaisirs. Il ne fit point ses conditions avec la Maréchale ; il sçavait que ses droits sur son fils étaient inaliénables ; mais il se proposa de se rendre si agréable à cette Dame, qu'elle lui laissât user de toute l'autorité dont il aurait besoin. Il y réussit. Quant à son Élève, en être aimé fut le pivot sur lequel tout devait se mouvoir : les moyens qu'il employa, furent immanquables. Mais avant de vous les détailler, je dois vous dire la manière dont il fut installé dans son emploi.

Madame de Th** crut devoir prendre d'abord avec le Gouverneur de son fils, un ton qui lui fît comprendre qu'elle prétendait présider à tout ; ensuite elle donna le Plan du Maréchal, & dit qu'il falait le suivre à la lettre. Voici comme il était conçu :

« Étudier le caractère de mon fils, con-
» naître ses forces, son tempérament, &
» proportionner d'après cela, travail, in-
» structions, nourriture. Si son caractère est
» heureux, il ne devra pas être contredit :
» je tâcherai de le suivre, en le tenant par

» la lisière, mais sans qu'il le sente, prêt à » changer sa direction, s'il s'égare : par ce » moyen, l'enfant croira faire toujours le bien » de lui-même, & ne pensera pas que l'on » puisse faire mal. Si son caractère est mau- » vais, je ne le contredirai pas encore ; mais » je m'appliquerai, sans qu'il m'en puisse » soupçonner, à faire retomber sur lui, à » chaque action, les effets de sa méchan- » ceté : tout serait perdu, si une seule de ses » mauvaises actions était sans inconvéniens » pour lui ; ou bien, s'il apercevait le fil- » d'archal qui amène la catastrophe. Par ce » moyen, j'augmenterai la peine, à mesure » de la méchanceté ; & l'extrême de cette » dernière amenerait naturellement l'extrême » punition, qui délivrerait la terre d'un » monstre. Suivant les forces de mon fils, » je règlerai le travail d'esprit & de corps, » de manière que ses forces soient toujours » employées, mais jamais excédées : il est » également dangereux d'aller au-dessus, » comme au-dessous ; dans le premier cas, » on force une frêle machine, on en détruit » le ressort ; c'est l'inconvénient où l'on » tombe, à l'égard de tous nos petits pro- » diges, qui sont des merveilles, lorsque » le jeu de leurs organes ne sert qu'à l'amu- » sement de parens idiots, mais qui sont des » stupides, lorsqu'il faudrait avoir de l'es- » prit : Dans le deuxième cas, on laisse crou- » pir l'enfant dans une dangereuse léthargie ;

» ses

» ſes forces intellectuelles & corporelles n'é-
» tant pas exercées, demeurent dans un de-
» gré de médiocrité bien au-deſſous de leur
» ton naturel : l'enfant ſera donc exercé,
» mais non fatigué, l'attrait du plaiſir l'en-
» gageât-il à ſe porter juſques-là de lui-
» même. Le tempérament d'un fils eſt l'é-
» tude la plus naturelle d'un tendre père:
» comment en eſt-il (je ne l'ai jamais
» conçu) qui ſe déterminent à confier ces
» plantes délicates à l'ignorance, à la pré-
» cipitation, à l'entêtement, à la préſomp-
» tion de ces hommes dangereux, qui font
» un métier de la médecine ? Tout homme
» aiſé doit connaître les élémens de cette
» ſcience, qui ſont tout ce qu'elle a de cer-
» tain, étudier ſon propre tempérament &
» celui des ſiens, s'appliquer à prévenir les
» maladies, & même à les guérir : dans les
» périls, il peut appeler les hommes de
» l'art, les conſulter ; & d'après les nou-
» velles lumières qu'ils lui communique-
» ront, prononcer lui-même, & ne faire
» exécuter que ſes propres ordonnances.
» Lors donc que j'aurai parfaitement connu
» le tempérament de mon fils, je donnerai
» mes ſoins à le fortifier par un exercice, des
» alimens, des plaiſirs proportionnés.

» D'après ces principes, dont je ne m'é-
» carterai jamais, je m'impoſe l'obligation
» d'inſtruire d'exemple aûtant que de pa-
» role, de manière que l'un n'excède pas

» l'autre : je ſupprimerai l'inſtruction, tant » que je ne ſerai pas dans le cas de donner » l'exemple : par ce moyen, mon fils ſera » parfaitement ce que je ſuis : malheur à » moi, s'il n'eſt pas ce qu'il doit être ! ce » ſera doublement ma faute ; mais avec » l'aide de Dieu, j'eſpère qu'il ſera un » homme juſte & bon. Je regarde le travail » comme feſant partie de l'exiſtance, quaſi » de la ſubſtance de l'homme : qui ne fait » rien, n'a droit à rien ; la nature le dit, & » la Religion a conſacré la maxime : l'oc- » cupation ſera préſentée à mon fils ſous ce » point-de-vue ; & j'eſpère qu'il ſera efficace. » Jamais ſes exercices ne ſeront entièrement » infructueux, afin de ne pas l'accoutumer à » faire des riens : je n'entends pas néanmoins » par-là, qu'il ne donne pas un temps fixe » aux arts d'agrément, tels que la Muſique » & la Danſe : dans l'état que mon fils doit » avoir, l'agréabilité n'eſt pas moins né- » ceſſaire que les talens réels, la ſolidité d'eſ- » prit, la pénétration, l'infatigabilité, &c. » Il les cultivera donc autant que les ſciences » utiles. Reſte l'article des plaiſirs : je me » promets, non d'en raſſaſier mon fils, » comme je ſais qu'en ont uſé des pères trop » imprudens, mais de les graduer. C'eſt ici » la grande ſcience, celle dont le bonheur » de la vie dépendra ſurement. Ainſi je me » propoſe de commencer par faire un plaiſir » à mon fils de ce qui n'en eſt pas un pour les

» autres enfans; de l'étude, du travail, & » de ses exercices. Pour qu'il prenne du goût » pour l'étude, qu'il l'aime, il est important » de lui donner une haute idée de la science, » de lui faire envisager la permission de s'ap- » pliquer à l'acquerir, comme une recom- » pense de ses autres devoirs remplis; j'in- » siste sur cette haute idée qu'on doit lui » donner de la science; ce qui est extrême- » ment aisé. Je voudrais qu'un Grand l'em- » portât autant par ses lumières que par les » avantages de l'aveugle fortune; la science » augmente la somme de son bonheur, de » la même manière qu'elle la diminue pour » le pauvre: le riche doit donc être savant, » par trois raisons; la première, pour mieux » sentir l'agrément de sa situation; la se- » conde pour n'être pas obligé de recourir » aux lumières de gens intéressés, qui peu- » vent les tromper; la troisième, pour con- » server ses mœurs; car un homme éclairé, » qui aime les sciences & les arts, leur don- » nera tout le temps que d'autres perdent à » des amusemens futiles & criminels: ne » fût-ce que par épicurisme, il faut qu'un » riche soit instruit; l'ignorance rend insen- » sible à mille choses qui sont une source fé- » conde de plaisirs pour ceux qui les con- » naissent, & qui peuvent, ou se les pro- » curer, ou leur donner le temps nécessaire. » De cette haute idée de la science, & du » desir qu'elle inspirera, doit résulter le de-

» ſir de s'y appliquer : je le permettrai, non
» ſans m'être fait prier. Il en ſera de même
» de toutes les choſes utiles : on en fera l'é-
» loge pour en faire ſentir le prix ; & l'on ne
» commencera l'inſtruction, qu'après en
» avoir excité le deſir ; ce que j'appelle pré-
» parer la terre : les Inſtructeurs ordinaires ſe
» conduiſent, ce me ſemble, comme un
» jardinier qui ſemerait ſes graines ſur une
» planche non bêchée, couverte de mauvaiſes
» herbes, & du chaume reſtant de la précé-
» dente récolte : doit-on s'étonner qu'il ne
» germe que quelques plantes faibles, qui
» périſſent, ſans rien produire ? Je tiendrai
» longtemps mon fils à ce genre de plaiſir ; il
» n'en connaîtra pas d'autres durant toute ſa
» jeuneſſe : lorſqu'il ſera formé, la liberté
» modérée ſera le ſecond genre de plaiſir ;
» je ceſſerai d'être maître, pour devenir ami,
» ſans pourtant ceſſer de prééminer d'une
» manière bien marquée. Enfin les plaiſirs
» proprement dits viendront à la fin du
» printemps. Je donnerai tous mes ſoins au
» premier de tous, ou plutôt à celui qui
» donne le ſel à tous les autres à l'amour.
» Dans cette délicieuſe paſſion, les plus pe-
» tites choſes ont un prix infini, la prudence
» eſt de les faire valoir.

» Dès que je m'apercevrai que mon fils
» remarque les femmes, que ce mot ſeul
» ſemblera l'intéreſſer, je commencerai par
» l'en entretenir quelquefois, mais avec ré-

» ſerve, & ſeulement pour lui donner des
» notions vraies, de-peur que ſon imagina-
» tion ne lui préſente des chimères : ce qui
» me paraît extrêmement dangereux; car les
» jeunes-gens qui ſe ſont formés une idée de
» perfection qui n'eſt pas dans la nature,
» venant enſuite à vouloir la réaliſer, &
» trouvant qu'ils ſe ſont trompés, s'en pren-
» nent, non à leur imagination erronée,
» mais à la femme qu'ils ont choiſie; ils lui
» font un crime de n'être pas l'être-de-raiſon
» qu'ils ont cru voir en elle, qu'ils ont uni-
» quement aimé. Je le préviendrai donc de-
» bonne-heure, que la femme, cet être ſi
» joli, ſi doux en apparence, réunit tous
» les contraires : la gentilleſſe, la beauté
» même, la provoquance, la propreté, l'é-
» légance, & leurs oppoſés; qu'il faut s'at-
» tendre à les trouver plus ſouvent aigres,
» revêches, que douces & agréables; que le
» grand art, pour être heureux avec elles &
» par elles, eſt de ne les voir qu'aux heures
» qu'elles indiquent; de ſavoir s'en faire
» deſirer; de ne jamais en trop obtenir, de-
» peur qu'elles n'abuſent du droit que leurs
» faveurs ſembleront leur donner. Je lui rap-
» porterai l'hiſtoire de mon beaupère, qui,
» le ſoir du premier jour de ſes noces, fit une
» choſe très-ordinaire : lorſqu'il ſe vit libre
» avec ſa jeune épouſe, il la plaça ſur un
» fauteuil, ſe mit à ſes genoux, lui dit mille
» fadeurs, entr'autres, qu'elle était ſa déeſſe,

» sa divinité, sa maîtresse ; qu'il voulait être » soumis à toutes ses volontés ; il confirma » toutes ces platitudes par un serment & » mille baisers : qu'arriva-t-il ? La Belle, » dans la suite, voulut que son époux exé» cutât à la lettre ce ridicule engagement : » celui ci reclama, s'excusa sur son ivresse, » & sur ce que sa moitié n'était plus la même » que ce jour-là : chansons ; la déesse devint » une diablesse, & fit tellement enrager le pau» vre homme, qu'il ne lui fut pas possible » d'habiter le même hôtel ; il alla se loger à » l'autre extrémité de la ville. Mais, ajouterai» je, quand la femme serait tendre, modeste, » soumise, il faudrait encore se garder de trop » se livrer à son panchant : Ne déposez jamais » entièrement la dignité de Chef & de Maître, » ou bientôt vous ne serez plus que l'esclave de » la plus douce, de la plus tendre, de la plus » soumise des femmes : Ne montrez jamais à » votre épouse ou à votre maîtresse, qu'elle » vous rend heureux jusqu'à l'oubli de vous» même ; car si vous le faites une seule fois, » tous vos droits sont perdus : on se regar» dera comme l'arbitre de votre sort, comme » votre bienfaitrice. Je me souviens qu'un » honnête-homme, mon ami, tuteur d'une » jeune-personne qu'il devait épouser par » l'ordre du père défunt, & qui vivait chez lui, » ne montrait pour elle que beaucoup d'é» gards, de l'attachement, de l'amitié, mais » point de passion, quoiqu'il l'aimât éper-

» dûment : j'en demandai la raiſon à cet
» ami : —Je m'en donnerai bien de garde, me
» répondit-il ; je veux être maître chez moi ;
» &, depuis longtems, je ne le ſerais plus,
» ſi j'avais fait le ſoupirant : de-là ſeraient
» déja réſultés deux grands maux : ni elle ni
» moi, ne ſerions à notre place ; je ne pour-
» rais former ni ſon eſprit ni ſon cœur aux
» vertus de ſon ſexe : de-ſorte que nous per-
» drions doublement tous-deux à cette con-
» duite—. Après l'avoir prévenu ſur les dé-
» fauts des femmes, & retardé par-là ſans-
» doute le moment de ſon aſſujétiſſement à
» leurs charmes, je lui peindrai d'autres dan-
» gers de leur commerce, ſans en oublier,
» que le moins qu'il me ſera poſſible. Enfin,
» quand la nature emportera toutes les di-
» gues, je peindrai les douceurs d'un atta-
» chement honnête, d'une union fondée ſur
» la raiſon, les convenances, autant que
» ſur l'amour & ſes plaiſirs. Je l'aiderai à ſe
» choiſir un vainqueur ; & comme je ne ſe-
» rai pas ivre, moi, je choiſirai ſans pré-
» vention, & bien. Je donnerai la préfé-
» rence à la beauté, unie au mérite, ſur les
» richeſſes, & même la naiſſance : je ne veux
» pas néanmoins deſcendre à quelqu'objet
» ignoble ; mais, parmi les gens honnêtes,
» le plus ou le moins d'éclat ne fera pas d'im-
» preſſion ſur moi. Ce choix-là me ſemble
» le plus important : auſſi me propoſé-je
» de n'épargner ni ſoins ni peines ; & comme

» je ſuis perſuadé qu'une fille jeune & belle » ne manque jamais de faire impreſſion ſur » un cœur libre, c'eſt à préſerver mon fils » de tout attachement que je veillerai. La » plupart des pères ſe plaignent des obſtacles » que leurs enfans apportent à leurs deſſeins; » je ne vois pas du-tout que ce ſoit la faute » des enfans : ſongez de bonne-heure à celle » que vous leur deſtinez; choiſiſſez la bien; » faites enſorte qu'ils la voient : elle leur » plaira la première; & dès qu'une fois elle » aura fait une impreſſion profonde, que les » deux cœurs ſe feront entendus, vous pour- » rez les ſéparer juſqu'à l'inſtant où il con- » viendra de les unir. Il faut toute ſa vie » avoir prévu ce moment de l'union de mon » fils avec la jeune-perſonne que je lui aurai » deſtinée, c'eſt-à-dire, qu'il faudra que » ma conduite avec ſa mère ait été un livre » dans lequel il puiſſe lire : la tâche n'eſt pas » facile : madame la Maréchale eſt une » excellente femme; mais elle eſt femme; » & je ne ſuis pas parfait : ceci méritera bien » que j'y réfléchiſſe, pour faire enſorte de » conſerver la dignité de Chef, ſans jamais » deſobliger une femme charmante, à la- » quelle je dois mon bonheur ».

Le Plan de monſieur de Th** finiſſait ici. La mort ſans-doute l'empêcha de l'achever. Mais la Maréchale reſpectant ſes volontés, voulut que ſon eſprit ſervît encore de guide pour l'éducation de leur fils, & ſe crut propre à ſuppléer ce qui n'était pas exprimé ; c'eſt ce qu'elle fit entendre au Gouverneur. Celui-ci l'écouta reſpectueuſement ; mais il connaiſſait trop le ſecond-ſexe pour ſe laiſſer gouverner par elle.

—Il eſt rare, diſait-il un jour, que les femmes ſaiſiſſent parfaitement l'enſemble d'une éducation ; mais elles poſſèdent certains détails dans un degré dont les hommes n'approchent que de-loin : elles ſe donnent tout-entières à ce qu'elles voient, à faire le bien préſent ; mais rarement ſavent-elles le ſacrifier au plus grand bien à venir. Rendre un homme heureux, n'eſt pas lui donner actuellement tout le plaiſir qu'il peut goûter ; au contraire, c'eſt l'économiſer tellement, qu'il aille toujours en croiſſant juſqu'à la perfection de l'âge, c'eſt-à-dire trente-cinq ou quarante ans pour les hommes, vingt-cinq ou trente, & même au-delà, pour les femmes ; (c'était l'eſprit du Maréchal, comme vous l'avez vu par ſon Plan :) enſuite ménager la décroiſſance des plaiſirs par une pente ſi douce, que, depuis le midi juſqu'au ſoir de la vie, ils ayent été par une dégradation inſenſible, comme la lumière du ſoleil. Et comme le cœur de l'homme eſt au moins auſſi vaſte dans ſon été & dans ſon automne que dans ſon printemps, il faut que le ſage Gouverneur ait ſu tellement conduire ſon Élève, qu'il n'ait fait qu'apprendre durant quarante ans, & qu'il ne commence à demander les emplois & les charges qu'à cet âge : alors il se forme un nouveau tourbillon qui l'emporte pour le reste de sa vie, ou du-moins jusqu'à la caducité : il aura vécu pour-lors, sans avoir éprouvé de vide; il aura servi la société, en fesant son bien-être particulier, deux choses que l'on doit toujours appuyer l'une sur l'autre, si l'on veut qu'elles ayent une base solide—.

Le vicomte de Th** avait six ans, lorsqu'on le remit entre les mains de l'Instituteur. D'abord celui-ci se regarda comme chargé de deux élèves, dont la Maréchale fut le premier. Que de petitesses il falut guérir! que de préjugés & de fausse tendresse à surmonter! Enfin il en vint à bout, assez pour être, sinon dans une parfaite tranquillité, du moins pour qu'on eût beaucoup de confiance en lui; avantage qu'il fut néanmoins sur le point de perdre mille fois.

La méthode du Gouverneur était bien propre à lui concilier l'approbation de la Maréchale; elle était en apparence entièrement conforme à la routine; elle n'en différait que par les soins particuliers, l'intention, & l'assaisonnement que le Maître y donnait. En effet, au lieu de contredire, de faire sentir durement la dépendance, d'humilier, de louer, &c. il ne s'occupait, suivant l'Institution du Maréchal, qu'à réprimer, à retenir son Élève, à l'empêcher d'aller trop vîte aux connaissances propres à l'homme, en-même-temps qu'il entretenait, qu'il excitait sa vivacité par celles qui sont du ressort de l'enfance. Pour que le jeune-homme ne fût pas excédé par un travail disproportionné, qu'il ne fût pas non-plus laissé dans un repos qu'il faut réserver pour la vieillesse, qu'il ne jouît pas d'une liberté qui doit être le dédommagement des occupations pénibles de la maturité, &c. le temps de l'enfance fut employé à l'acquisition de ces choses qu'il est bon de savoir, lorsqu'on est homme fait, mais qu'il n'est pas à propos ni décent même d'apprendre alors; telles sont la Danse, la Musique, l'*Armigérence*, l'*Equitation*, la Géographie sur un globe, & non sur cartes, fesant succéder ces arts & ces sciences les uns aux autres; desorte que, parvenus à la Géographie, celle-ci fasse desirer la Lecture. Il eut soin que ces exercices ne fussent pas un plaisir, mais un travail; il n'y laissa de plaisir, par la manière dont il le fesait prendre, que ce qu'il ne pouvait absolument en ôter. Mais ce fut autre chose, lorsqu'on en fut à la Lecture, c'est-à-dire vers onze ou douze ans: comme cette science n'est pas amusante dans les principes, il l'égaya, lui prêta des charmes; & voici comment. Après avoir donné la leçon à son Élève, il prenait un livre curieux, pour l'âge de l'enfant, & eu égard à ses dispositions; il y lisait tout-bas; il ne manquait pas de tomber sur un trait agréable, frappant; il s'arrêtait en riant, pour exciter l'attention du Vicomte, & lisait haut le passage curieux : ensuite il continuait de lire bas. L'Élève venait regarder le livre, demandait à voir le passage, parcourait, sans pouvoir lire, & retournait à sa place, étudier avec une sorte d'emportement. D'autres fois, il parlait de l'utilité, des merveilles de la Lecture, de l'Écriture, cet art de peindre des choses purement intellectuelles; il disait combien il avait falu de temps aux hommes pour le deviner, le perfectionner; quelle admiration il avait dû exciter : ce tableau, bien fait, remplit d'ardeur le Vicomte; & comme le Maître suivait une bonne méthode, en moins de quinze jours, le jeune-homme fut en état de lire lui même (*).

Dès qu'il sut lire assez bien pour trouver du plaisir dans les livres, l'Instituteur eut soin de n'en plus avoir & de n'en plus lire qui ne lui convinssent : d'après les principes du Maréchal, il graduait le plaisir que les livres peuvent donner, comme tout le reste, de manière que la lecture de l'histoire fût une récompense, un divertissement, & qu'un jour celle des Poètes & des bons Romanciers fût comme une débauche de l'esprit, un régal de mêts exquis & légers. Ses premières lectures furent sérieuses : ravi de trouver des pensées, le jeune Élève, qui avait desiré longtemps de savoir lire, ne cherchait pas autre chose.

(*) L'on trouvera cette Méthode dans le tome III des IDÉES SINGULIERES. *Sous presse.*

Mais il ne faut pas croire que l'Instituteur soit venu jusqu'ici sans contradictions. La Maréchale oubliait souvent le Plan de son mari, & se plaignait qu'on le violât, lorsqu'on l'exécutait le mieux. Elle traversa mille fois le Maître, & revenait contre ses propres loix, toutes les fois que l'occasion de faire briller son fils venait à se présenter.

—Madame, lui disait alors l'Instituteur, vous desireriez que la saison de la semaille présentât les fruits de l'automne, & voir sur le même arbre des fleurs & des fruits. Mais le physique & le moral se coudoyent; & l'un ne peut, sans préjudice, dépasser l'autre. Sous le même climat où les arbres portent des fleurs & des fruits; où les enfans sont nubiles à dix ou douze ans, l'esprit est de même entièrement formé; de sorte qu'un jeune-homme de ces cantons encore aux élémens des sciences, mais jouissant de tout son jugement, peut être dans certaines parties, un petit prodige: dans notre pays froid, c'est le contraire. Ne vous persuadez cependant pas, madame, que les climats chauds soient plus avantageux que le nôtre. Les idées trop abondantes, trop vives, n'y peuvent acquerir un certain degré de perfection; les hommes y sont d'abord tout ce qu'ils doivent être; & le temps de la jeunesse est le seul où ils puissent avoir de l'activité: dès qu'ils cessent de croître, que le premier feu des passions est mort, ils tombent dans une pareſſe, qui leur fait préférer le repos à tous les plaiſirs. Vous n'imagineriez pas combien le degré de chaleur influe ſur les mœurs : c'eſt de lui que vient la forme odieuſe d'un Gouvernement qui ne connaît que les extrêmes ; l'emportement exceſſif, & l'exceſſive puſillanimité ; l'imagination ardente, peignant avec trop de force, & l'injure reçue, & les châtimens que le tyran peut infliger : ici, madame, nous ſommes tardifs & froids, mais nous meuriſſons plus lentement & mieux—. Je ne vous rapporterai pas tous ces petits détails : je me hâte de paſſer à l'âge où le Vicomte ayant quelque rapport avec vous, doit auſſi vous intéreſſer davantage.

Il a dix-ſept ans : depuis douze qu'il ſait lire, il a fait plus de progrès que ceux qui, dès huit ans, étaient de petits docteurs, ou de petits perroquets. Il eſt entré au collége avec ſon Gouverneur ; & ce fut alors que je le connus ; il ſait le Latin : dix-huit mois ont ſuffi pour qu'il l'entendît paſſablement ; il s'eſt encore fortifié dans cette langue, en apprenant le Grec ; on lui a fait aimer ces deux langues, en lui montrant combien leur étude nous eſt importante pour entendre le fond de la nôtre. Enſuite l'Inſtituteur a étudié avec lui l'Eſpagnol & l'Italien, qu'il ne ſavait pas ; il feſait remarquer à ſon Élève en quoi leur marche différait de celle du Français ; dans ce dernier, il lui montrait le matériel des mots totalement emprunté du Latin, & du Grec accidentellement, avec une conſtruction celtique, gauloiſe ou tudeſque, comme on voudra dire : dans l'Eſpagnol, la même choſe pour le matériel, ſi ce n'eſt pourtant qu'on a retenu dans cette langue une multitude de mots arabes & moreſques, & que la conſtruction y tient quelquefois de ces deux langues ; (plus communément elle eſt ſemblable à la nôtre) : dans l'Italien, les mots latins preſqu'indigérés, avec la conſtruction ſimple & claire du langage des Barbares qui ont autrefois envahi ces belles provinces. A cette occaſion, il lui fit obſerver, en ma préſence, que les langues des peuples barbares ſe conſtruiſaient la plupart dans un ordre clair, analogue à la progreſſion naturelle des idées, & que celles des peuples inſtruits, comme les Égyptiens, les Grecs, les Romains, intervertiſſaient l'ordre, pour ſatisfaire davantage l'oreille. Et cette remarque s'eſt trouvée confirmée par ce que nous connaiſſons des langages des Sauvages, même de ceux de l'Europe, tels que les Samoyèdes & les Lapons.

C'eſt ſur le fondement ſolide d'une Grammaire bien raiſonnée, que l'Inſtituteur aſſit le fondement de toutes les connaiſſances de ſon Élève. —Pour faire des progrès dans une ſcience quelconque, lui diſait-il un jour, il faut en connaître parfaitement le vocabulaire ; tous les hommes conviennent de cette vérité : cependant on les voit chaque jour paſſer aux connaiſſances les plus relevées, avec des notions vagues du langage : qu'en résulte-t-il ? une multitude d'erreurs, & d'inextricables ténèbres. C'est l'inconvénient des langues changeantes & compliquées de l'Europe : tous les termes y ont une signification *routinière ;* les noms y sont des mots vides ; *dieu*, *diable*, *démon*, *homme*, *femme*, *ciel*, *soleil*, *terre*, n'y présentent aucune idée à l'esprit même de ceux qui sauraient toute la langue, à l'exception de ces mots : les seules expressions d'une Langue qui peuvent être sans analogie antécédente, ce sont les Verbes, parce qu'étant destinés à exprimer les actes de la volonté, & les actions du corps, ils ne peuvent être que des sons arbitraires, ou tout au-plus imitatifs du bruit des actes extérieurs. Quant aux Prépositions & aux Conjonctions, qui ne sont que de petits signes conventionnels, inventés pour l'élégance, je crois qu'elles n'existaient pas dans les premières langues ; c'est le ciment de l'édifice : mais l'Interjection est le premier langage, le seul que mettraient en usage des hommes accidentellement isolés, avant qu'on les eût instruits ; c'est le *cri* de l'homme ; c'est la partie du discours qui lui est commune avec les autres animaux. Monsieur, vous avez appris les langues anciennes, afin de corriger ce défaut de notre idiome, & pour que vous entendiez clairement les notions abstraites, qu'il conviendra bientôt de vous donner. Mais il vous reste encore une langue à connaître auparavant : elle est

la

la moins imparfaite de celles que l'on parle en Europe; elle fut la langue de nos pères, ou du-moins l'ancien Celtique qu'ils parlaient, en était une dialecte; je veux dire l'Allemand. Cette langue a contr'elle ſa rudeſſe; mais elle a cette véritable analogie propre au Grec & au Latin, que les idiomes dérivés n'ont pu conſerver: chez eux le nom Dieu (*God* ou *Teut*) n'eſt pas vide, il ſignifie *le Bon* & *le Père* *—.

A dix-huit ans, le jeune de Th** quitta le collége, & revint à la maiſon pour faire un cours de nouvelles connaiſſances. La première & la plus importante eſt celle qui nous fait apprécier les avantages & les inconvéniens de l'union de deux ſexes. Le but du Maréchal avait été de tracer à ſon fils un modèle, dans la conduite qu'il tiendrait avec ſon épouſe: l'Inſtituteur, qui le remplace, ſentit la néceſſité de donner cet exemple: cependant il était âgé de quarante huit ans; ce n'était plus la ſaiſon du mariage pour un homme ordinaire: celui-ci, d'une ſanté ferme, l'air encore frais, n'héſita pas à en former les nœuds, dans la vue de ne rien négliger pour l'inſtruction de ſon Élève. Il avait remarqué vis-à-vis les fenêtres de ſa chambre de collége, une jeune-perſonne parfaitement aimable, qui vivait du travail de ſes mains avec ſa mère & ſon frère; il obſerva

* THOT chez le Égyptiens: c'eſt le même nom, les Anciens n'écrivant pas les voyelles; ces Peuples avaient donc les mêmes idées ſur la Divinité, qualifiée par eux uniformément.

qu'elle était modeste, laborieuse, d'une humeur enjouée, & que jamais elle ne recevait chez elle que des personnes de son sexe. Il s'informa d'elle plus particulièrement, & sut que ces deux estimables enfans réunissaient leur gain pour faire mener une vie douce à leur mère au milieu d'eux. Ce fut-là celle qu'il se proposa de se donner pour compagne (supposé qu'il pût obtenir son consentement) persuadé que celle qui remplit bien les devoirs de fille, sera vertueuse épouse, & bonne mère. Pour mieux la pénétrer & savoir s'il ne lui causerait pas de répugnance, il résolut de s'y prendre d'une manière inusitée, afin que n'étant pas prévenue, il pût lire sur son visage & dans ses yeux. (Il faut observer que la jeune personne ne le connaissait que comme étant dans son voisinage). Un jour, s'apercevant qu'elle était seule, il se rendit chez elle. Agathe, (c'est ainsi qu'elle se nommait) vint ouvrir en chantant; mais la parole expira sur ses lèvres, lorsqu'elle vit que c'était un homme qui se présentait, & qui, sans autre préambule, s'informe de sa santé, lui prend la main, la ramène sur son siége, & se place à côté d'elle. —Je suis venu, Mademoiselle, lui dit il, pour vous parler d'une affaire importante; j'ai choisi le moment où vous êtes seule, afin que vous soyez parfaitement libre de rejeter mes propositions, si elles vous déplaisent. Je vous demande la permission de vous les faire, en vous prévenant qu'elles sont honnêtes, & l'effet de mon estime & de ma considération pour vous—. Elle ne répondit rien. Il continua. —Je suis garçon, & quoique dans l'âge de la maturité complette, j'ai formé la résolution de me marier; ma fortune, sans être considérable, suffit pour que je puisse élever honnêtement une famille; & la raison pour laquelle je ne me suis pas mis plutôt dans l'ordre indiqué par la nature, c'est précisément parce que je n'avais pas encore acquis ce qu'il falait pour remplir toutes les obligations d'époux & de père, dans ma condition. Mademoiselle, je vous ai vue de ma demeure; & la régularité de votre conduite a fait sur moi plus d'impression que votre aimable figure : je vous offre ma foi; si vous consentez à devenir ma femme, vous me rendrez le plus heureux des hommes; si vous me refusez, je n'en conserverai pas moins toute ma vie les sentimens d'estime que vous m'avez inspirés—. La jeune fille se troubla, rougit, & balbutia quelques complimens ordinaires. L'Instituteur l'observait; & ne remarquant en elle aucun signe de répugnance, il la pria de l'excuser, se leva pour se retirer, & lui demanda s'il la desobligerait, en rendant une visite à sa mère le lendemain? Dès qu'il entrevit, par la tournure que prenait la réponse d'Agathe, qu'elle le permettait, il se hâta de sortir, pour ménager la modestie de cette aimable fille. Je vous tairai les autres démarches :

ce mariage se fit au bout de trois semaines; & la jeune épouse vint à l'hôtel de Th**.

Quoiqu'elle eût plu à l'Instituteur, vous avez entrevu que la passion n'avait aucune part à cette démarche : il s'était persuadé qu'il devait se donner tout-entier à son Élève; c'est pour lui qu'il s'est marié. Mais, à vous dire vrai, je ne doute pas qu'il ne fût charmé d'avoir eu cette occasion d'entrer dans un état qu'il avait toujours desiré. Dès que sa femme se fut accoutumée à lui, qu'il eut gagné son affection par ses procédés, il lui fit part de ses projets, & traça, de concert avec elle, le plan de leur conduite réciproque. Le jeune de Th** vit dans son Gouverneur, un mari tendre, qui savait réunir la dignité de Chef & de Maître aux déférences de l'amant; il le vit se faire une étude du bonheur de sa compagne. De son côté, l'Instituteur avait soin de faire remarquer à son Élève, mais sans affectation, les moyens qu'il employait; il fit plus : des querelles feintes, des caprices prémédités de la part d'Agathe, fournirent quelques unes de ces crises trop ordinaires dans les ménages; & celles ci furent poussées d'autant plus loin, qu'elles étaient simulées : Alors l'Instituteur prenait les mêmes précautions que si elles eussent été réelles, au point de s'en imposer quelquefois à lui même & à sa jeune épouse. Le Vicomte étudiait sous cet excellent Maître, le rôle qu'il devait faire un jour, & le voyait sous toutes les nuances offibles. Et voici les réflexions qu'il fesait à-deſſus : ſouvent il me les a communiquées. —Il eſt certain que l'état du mariage eſt l'état naturel à l'homme ; de plus, conſidéré ſous un point-de vue, c'eſt un état charmant : mais auſſi d'un autre côté, c'eſt l'état le plus pénible pour les caractères mal-aſſortis, & ſur tout pour les gens ſans mœurs. Pour être honnête-homme & citoyen, il faut ſe marier : pour être heureux dans le mariage, il ne ſuffit pas d'avoir une compagne méritante, douce, aimée ; il faut être vertueux : car un cœur gâté, ne pouvant ſurmonter le panchant naturel qui nous porte au changement, ſera malheureux, dès que ſon goût s'émouſſera par la jouiſſance & l'habitude, même avec celle qu'il a le plus paſſionnément aimée. Je me ſuppoſe vertueux, lorſque je me marierai, ſans quoi, je renoncerais pour toujours à cet état ſaint : j'épouſe une femme charmante, accomplie de toutes manières ; je ſuis d'abord heureux, ſans y donner aucun ſoin, tout naturellement ; mais enfin la première ivreſſe diſſipée... Je me trompe : mon *ami* m'a dit qu'il ne falait pas qu'elle ceſſât ; &, pour la conſerver, il me donne l'exemple d'une conduite qu'il eſt bien facile d'imiter, ce me ſemble. Il ne s'agit que d'oublier le contrat & la cérémonie qui donne irrévocablement les deux époux l'un à l'autre, & ſe voir, agir, comme lorſqu'on ſe plut ſi fort ; s'interdire tout ce qui ſent la liberté & la familiarité. Ce n'eſt pas ; (& mon *ami* me l'a fait obſerver) que deux époux doivent s'aimer en-tout comme deux amans ; au contraire, il voudrait que leur amour reſſemblât à de l'amitié ; qu'il fût intime, franc, pur comme elle ; mais en même temps, que l'on eût tous-deux une ſorte d'indépendance, qui reſſemblât à celle des amans, ſur-tout dans leur paſſion commençante : c'eſt ainſi qu'il en agit avec ſa femme ; rien de plus facile encore. Ce n'eſt pas tout : je vois que les époux aſſortis par le panchant & le même goût des choſes honnêtes, ſont encore ſujets à mille peines, inſéparables fardeaux de l'humanité : ſi ma femme ſe fâche, (car je puis y donner lieu, ſans le vouloir ; je le puis par négligence ou par un inſtant d'humeur ; il ſe peut encore qu'elle ſe fâche, en croyant en avoir ſujet, ſans que je l'aie donné ;) je vois, en ce cas, la manière dont il faut s'y prendre pour la ramener : il faut l'écouter avec attention ; paraître touché de ce qu'elle dit, enſuite commencer ſa juſtification d'un ton qui ne ſoit ni aigre ni ſoumis ; ſi l'on a tort, le reconnaître, ſans s'abbaiſſer, mais de façon à lui faire ſentir qu'on peut ſe tromper, voir mal, mais non être méchant, & chercher à lui déplaire ; lui donner légèrement à entendre qu'on ne la croit pas capable de nous ravaler juſques-là dans ſon eſprit : ſi elle a tort, on ne peut mettre trop de circonſpection dans ſes réponſes, en commençant; mais à-mesure qu'on lui descille les yeux, & qu'elle paraît persuadée, on appuie avec assez de force, pour lui faire comprendre qu'on voit tout : aussitôt il faut être le premier à l'excuser; & c'est dans ces occasions qu'en se piquant de plus de générosité, on réduit sa compagne à s'exécuter elle-même, & à se persuader qu'elle nous a les plus grandes obligations. Il est impossible, ajouta-t-il, que la conduite d'une femme devienne absolument répréhensible, sans deux préalables : le premier, qu'elle ait épousé un homme essenciellement haïssable, tel qu'un vieillard dégoûtant, ou bien un homme brut, imbécille, hors d'état de tenir les rênes du gouvernement; le second, qu'elle soit négligée, trahie ou maltraitée de son mari. Dans toute autre situation, une femme est toujours ce que son mari veut qu'elle soit. Ainsi, nous autres hommes, il ne tient qu'à nous d'être aimés; & ce sera tout à-fait notre faute, si nous vivons dans la desunion. Or, je me forme une idée charmante de cet état de tendresse dont mon *ami* m'a parlé, je sens que mon cœur est fait pour lui : si j'en crois l'émotion que l'idée d'une femme y renouvelle fréquemment, depuis quelque temps, c'est dans l'union avec celle qui m'est destinée, & que je ne connais pas, que je trouverai le bonheur que j'ai toujours desiré, sans en avoir une idée bien nette. Oh ! comme je me propose d'être pour elle ! Non, fût-elle la plus inſenſible des créatures, je ne crois pas qu'elle puiſſe ſe refuſer à ce que je me propoſe de faire pour l'attendrir, pour lui devenir agréable & cher—.

Cette manière de penſer doit vous faire comprendre combien il avait une âme diſpoſée à la tendreſſe : malheureuſement, à force de voir le bonheur de ſon *ami*, il ne ſépara pas aſſez l'idée de la félicité de celle de l'aimable Agathe; il en devint amoureux. Ce trait vous ſurprend; & la conduite qu'on va tenir à ſon égard, vous étonnera davantage. L'Inſtituteur vit la paſſion de ſon Élève; il la devina, lorſque le jeune homme ne s'en doutait pas encore. Il avertit ſon épouſe, & lui preſcrivit la conduite qu'elle devait tenir. —Volontiers, lui répondit Agathe; mais qui m'aſſurera qu'en vivant avec un jeune homme aimable, à qui j'inſpire une paſſion, dites-vous, qui m'aſſurera que je ne m'expoſe pas... non que je craigne de manquer à mon devoir; mais je crains de ſouffrir, & de perdre cette paix ſi douce dont je jouis avec un honnête-homme, que je regarde comme un tendre ami, preſque comme un père? Je ne ſuis pas ſi facile à enflâmer, que je ne puiſſe voir un jeune-homme auſſi parfait que votre Élève, ſans m'éprendre pour lui; mais s'il m'aime, s'il me le dit dans ces entretiens particuliers que vous ne voulez pas que j'évite, en cas qu'il cherche à ſe les procurer; s'il ſait rendre intéreſſante une paſſion déja ſi ſéduiſante par elle-même, me répondez-vous de l'insensibilité de mon cœur? — Non, mon amie, répartit l'Instituteur; mais je vous répons de votre vertu; je vous répons de la victoire sur vous-même. Insensible, vous! je n'ai pas cru que vous le seriez; j'ai cru que vous éprouveriez d'autant plus facilement ce que l'amour cause de plus vif, que vous n'avez pu ressentir pour moi cette ivresse, cette passion que demande une certaine proportion d'âge: mais j'augure si bien de ma Compagne, que je suis sûr qu'elle sacrifiera quelques momens de son repos pour me seconder, & donner à mon Élève des leçons sur l'amour illicite, mille fois plus efficaces dans sa bouche que dans la mienne. —Moi! des leçons! —Vous ne ferez que prêter aux miennes ce qui leur manque. Si je n'étais que votre amant, je ne m'exposerais pas à vous charger d'un rôle si délicat; mais je suis votre ami: un cœur tel que le vôtre ne peut trahir l'amitié, quoique peut-être, il pût trahir l'amour. —Oh! monsieur! vous me rendez justice: ni l'amitié, ni l'honnêteté, ni la reconnaissance, je ne les trahirai jamais. Je me soumets à ce que vous voulez, mais à condition que vous écouterez tous nos entretiens, prêt à me secourir contre moi-même, s'il le falait. D'ailleurs, je serai dans la sécurité; mon rôle en sera moins pénible, & les choses n'iront jamais plus loin que vous-même ne le jugerez nécessaire—.

Agathe ne fesait que prévenir l'Instituteur;

c'était ce qu'il se proposait de faire, mais il fut charmé que l'idée parût en venir d'elle.

Quelques jours après, l'Instituteur & son Élève alèrent dîner chez le Comte & la Comtesse d'E***. Vers la fin du repas, on vit entrer quatre Jeunes-filles masquées, vêtues de blanc, & faites au tour, qui exécutèrent une petite Piéce composée exprès, dont le sujet était le *Jugement-de-Pâris*. La Maréchale, monsieur & madame d'E***, ainsi que l'Instituteur, donnèrent mille louanges à ces aimables Enfans. Le Vicomte paraissait les voir avec un plaisir infini, & ne perdait pas un seul de leurs mouvemens. Après qu'elles eurent achevé, il se leva pour aller à elles; mais elles sortirent sur-le-champ. A son retour, il dit à son *ami*, qu'il sentait comment on pouvait aimer une jeune-persone aimable, & se faire un bonheur anticipé des douces espérances qu'elle donnerait. —Mais, ajouta-t-il, ces jeunes-personnes que nous avons vues, surement ne me conviennent pas; & pourtant, où rencontrerai-je un objet qui ressemble à l'Amazone charmante qui fesait *Pâris*? —On peut trouver son égale. —Jamais. —Mondieu! vous croyez donc la nature bien stérile? D'ailleurs, celle-ci peut être laide. —Oh! mon ami, je ne saurais le croire: tenez, depuis quelques jours, lorsque je vois la démarche d'une femme, je m'exerce à deviner si elle est laide ou jolie; & je m'y trompe si rarement, que lors même qu'elle n'est pas jolie, c'est une Laide si touchante, que je la préférérais à la beauté qui n'aurait pas ses grâces. —Vous êtes savant ! Je connais ces jeunes-enfans : celle dont vous venez de parler, se nomme *Aglaé*, comme l'aînée des Grâces—.

Il en resta là pour cette fois, malgré les instances du Vicomte, pour obtenir de plus grands éclaircissemens. Mais charmé d'entrevoir un moyen d'aller au but où il tendait depuis longtems, il concerta les démarches qui devaient suivre avec la Maréchale, monsieur & madame d'E***. C'est d'après les dispositions qu'ils firent, que s'arrangea tout ce qui me reste à vous raconter.

Cependant Agathe n'est plus nécessaire au Vicomte : elle cesse de le voir, mais non de l'adorer. Consumée d'un feu qu'elle ne peut éteindre, elle recherche une solitude absolue, pour répandre des larmes avec plus de liberté. L'Instituteur ne voyait pas sans douleur cet état cruel d'une femme qu'il chérit, & dont il a causé l'ivresse ; il y cherche des remèdes : le mal résista quelque temps à ses soins ; & cependant, avec quel art il les employait ! Comme il fesait naître les plaisirs sous ses pas, sans paraître l'avoir cherché ! comme il lui montrait de la considération, de l'amitié, mais point d'amour ! Avec quelle adresse il réveillait au fond de ce cœur blessé la noble estime de soi-même ? Il commençait à réussir, sans que sa femme s'en fût encore aperçue : un entretien qu'elle eut alors avec lui, l'éclaira tout à-coup : elle fut pénétrée de reconnaissance & d'admiration, & lui en donna mille preuves : quelques mois après, elle se trouva grosse; cet état acheva sa guérison : depuis, elle fut toujours heureuse. J'ai cru, mon ami, devoir vous tranquilliser à son sujet.

Cependant l'Instituteur achevait de former son Élève : la Physique & la Morale occupaient tous leurs momens. Monsieur le Vicomte m'a donné une copie des instructions qu'il en reçut, sur les objets les plus importans pour l'homme; la Terre, le Soleil, les Planètes, les Élémens, les Corps, les Esprits, &c. Nous les lirons ensemble dans peu (*).

SAMEDI.

*Suite de l'HISTOIRE de monsieur de TH**.*

Nous quittâmes hier le Vicomte dans le moment où l'on songe à son bonheur. Il ne voit plus Agathe; il n'ôse même s'informer d'elle, depuis l'aveu qu'il a fait de sa passion à son Gouverneur : mais ce dernier lui parle de la jeune Inconnue qui fesait *Pâris*, & lui propose de chercher un objet qui l'égale, auquel il puisse s'attacher. Ils rencontrent enfin ce qu'ils desirent; & le temps d'aimer sans crime est venu pour le Vicomte : ce fut lui même qui crut choisir; mais, comme

(*) Cette Lecture formait une répétition; je la supprimerai : les Entretiens avec le Curé de S**, qui vont suivre, étant sur la même matière, ils y suppléeront.

vous l'imaginez bien, l'Inſtituteur a tout préparé. L'objet qui vient de charmer le jeune Élève, eſt une enfant de dix à onze ans, encore en fourreau & en chauſſure plate: ſa taille eſt un modèle de perfection; ſes traits majeſtueux ſont égayés par un œil doux & vif; elle inſpire l'admiration, lorſqu'elle eſt ſérieuſe; elle enchante, lorſqu'elle ſourit; elle eſt élevée comme l'aînée des enfans d'un Négociant fort riche. Lorſque le Vicomte la vit, elle était aux Tuileries avec une Gouvernante, accompagnée de ſa petite ſœur & de ſon frère. —Mon *ami*, dit-il à ſon Gouverneur, en la lui montrant, je n'ai de ma vie rien vu d'auſſi charmant que cette jeune-perſonne: c'eſt la taille de la petite Amazone, ſon âge & la beauté que je lui ſoupçonnais. Mondieu! que je voudrais qu'elle appartînt à quelqu'un de ma connaiſſance! je me meurs d'envie de lui parler, d'entendre le ſon de ſa voix, de juger de la portée de ſon eſprit, & de ſon caractère... Voyez comme elle eſt faite... cet air raiſonnable... cette aimable fierté... Dites-moi, mon *ami*, nos âges ſont-ils diſproportionnés? —Point-du-tout: ils conviennent parfaitement. —J'ai preſque dix-neuf ans. —Elle en a preſque dix, je ſuis sûr. —Oh davantage —Mettons-en onze; c'eſt au plus: mais c'eſt la vraie proportion. Il ne s'agit plus que d'une choſe; c'eſt de ſavoir ſi ſa naiſſance & ſa fortune aſſortiſſent la vôtre; car il faut encore ces conditions pour madame la Maréchale & pour le monde. —Vous avez raiſon; mais, obſervez, qu'elle eſt miſe... que cette femme ne paraît pas être ſa mère, mais une gouvernante... (Dans ce moment, la jeune Demoiſelle s'étant baiſſée pour cueiller quelques narciſſes, la Bonne lui cria: —Mademoiſelle Aglaé, il ne faut toucher à rien.) —Ah! mon *ami!* le beau nom! c'eſt celui... vous ſavez bien... de la première des Grâces! Aglaé! ce nom n'eſt guères en uſage que parmi les gens de condition: mon *ami*, qu'en penſez-vous? —En effet... voulez-vous que je lie converſation: mon âge permet ce qui ſerait déplacé pour le vôtre: nous verrons. —Oh que je vous aurai de l'obligation! (L'Inſtituteur aborde la Gouvernante.) —Laiſſez, madame, laiſſez cette jeune Demoiſelle ſe ſatisfaire; il n'eſt point de Suiſſe aſſez brutal pour lui rien dire de deſobligeant: elle ne peut d'ailleurs ôter à ce jardin de ſes ornemens, que, par ſa préſence, elle ne lui en rende mille fois davantage. Je crois avoir vu ces aimables enfans chez quelqu'une de mes connaiſſances: ne ſerait-ce pas... —Monſieur, ils ſont à M. *S***, ce fameux négociant de la rue *S. L.* —En effet, je me les remets; je féliciterai leurs parens, lorſque je les rencontrerai chez des amis communs, ſur une auſſi charmante famille. (*Bas au Vicomte.*) Nous ſommes inſtruits.

—Mon *ami*, permettez que je lui parle. —La naissance, la fortune... —Oh! monsieur, il faut le permettre. —Soit—. L'Instituteur continua de causer avec la Gouvernante, tandis que son Élève présentait quelques fleurs à Aglaé, qui les reçut d'un air aisé, comme eût pu le faire une fille de vingt ans. Le son de sa voix acheva d'enchanter le jeune-homme; la moindre action, le plus petit geste d'Aglaé fesait éclore une grâce. Mais, comme il n'eût pas été séant de les accompagner plus longtems, il falut les quitter au bout d'un moment.

—Mon *ami*, pour être heureux, voilà celle avec qui je voudrais passer ma vie. —Je vous crois : mais vous êtes fils d'un Maréchal de France; elle... —d'un négociant, monsieur : voila ce qui me desespère. —Je crois qu'il faut écarter ces idées, tandis que l'impression n'est pas encore profonde. —Pas encore profonde, mon *ami!* vous vous trompez : je suis malheureux, si je perds l'espoir... mais je le serais plutôt que de rien faire qui déplaise à ma mère, à mon père, s'il vivait. —Voulez vous que je parle de votre passiou à madame la Maréchale? —Comme il vous plaira. —Si, par hazard, ou plutôt, par cette excessive tendresse qu'elle a pour vous, elle venait à permettre... —Ah! mon *ami!* jamais je ne pourrais m'acquitter... mais je lui dois tout déja. Si pourtant (sans qu'elle me sacrifiât trop) elle consentait à nommer sa fille cette belle Aglaé, mon *ami*, je sens que ma mère me donnerait plus que la vie, plus que tout ce que je tiens d'elle—.

L'Instituteur promit de faire tout ce qui dépendrait de lui. Mais ne vous en étonnez pas, mon cher Roger : la prudence règle toutes ses démarches ; & vous ne le prenez pas ici en défaut. Il réussit auprès de la Maréchale ; & vous deviez vous y attendre. Le Vicomte en reçut la nouvelle avec des transports que votre cœur sensible se représentera. Son empressement lui fit faire mille questions : —Comment fera-t-on ? quand irons nous ? de quelle manière proposerons-nous à ses parens une alliance qui n'est pas encore possible, je crois, &c ? L'Instituteur répondit qu'il suffisait que la Maréchale consentît ; que pour le reste il falait attendre. —Mais, dit le Vicomte, je voudrais bien contribuer à former celle qui doit être ma compagne ; voir son esprit se déveloper ; entrer dans son cœur avec les premières secousses du sentiment ; rendre son attachement pour moi si naturel, qu'il fût immuable. —Je trouve, dit l'Instituteur, que vous avez raison : je vais tâcher de déterminer la Maréchale à suivre ces nouvelles vues. Elle est la plus indulgente des mères... A ce propos, je crois que vous pourrez servir de Maître à Aglaé pour tous les arts que vous avez appris : ceux que vous ignorez encore vous seront bientôt familiers, dès que vous aurez envie de les enſeigner à celle que vous aimez. —Oh ! vous avez raiſon, mon *ami :* cette idée eſt très-heureuſe ; & je la ſaiſis : je l'initierai même dans la Philoſophie. —Voyons, reprit le Maître, quelles ſont vos vues ? Deſirez-vous que la Maréchale la demande à ſes parens, pour l'élever auprès d'elle, ou que vous reſtiez chez eux, ſous les apparences d'un homme de leur condition : bien entendu que je vous y accompagnerai ? —Le Vicomte préféra ce dernier parti ; & madame de Th** ne manqua pas de l'approuver. En peu de jours, tout fut prèt pour le changement de condition. L'Inſtituteur va chez monſieur *S***, loue un appartement dans ſa maiſon, & s'y établit avec ſon épouſe, propoſe au Négociant de manger tous à la même table, & quelques jours aprés, reçoit le Vicomte, qu'il dit le fils d'une veuve très riche, ſa meilleure amie : il ajoura que cette Dame était à la campagne, & que ſon fils reſtair à Paris, pour continuer ſes études & ſes exercices. On donna une chambre au jeune-homme, au premier, à côté de la pièce qu'occupaient mademoiſelle *S*** & ſa Gouvernante.

Dès que le Vicomte fut à-portée de voir tous les jours Aglaé, il étudia ſon caractère ; il la trouva fière & dédaigneuſe, comme le ſont preſque toutes les jeunes-filles qui ont de la figure, avant que le ſentiment ſoit en elles parfaitement développé. Cette première observation, loin de le refroidir, rendit son goût plus vif: il employa les égards, les prévenances, & ne tarda pas à fixer l'attention d'Aglaé: il lui plut; elle aimait à causer, à jouer avec lui: lorsqu'il eut commencé de lui apprendre la Musique, elle fit des progrès rapides, moins par goût pour cet art, que parce qu'elle aimait à être avec son jeune Maître: la Danse, les Instrumens, tout devenait facile pour Aglaé, quand c'était monsieur *Dulisse* qui lui montrait (ce nom de Dulisse est celui que prit le Vicomte.) De son côté, le jeune-homme trouvait auprès d'elle un bonheur tranquille, mais infiniment doux; il la nommait sa sœur; madame *S*** l'appelait son fils aîné, & lui avait permis le doux nom de Maman. Sa situation auprès de la charmante Aglaé, qu'il formait, qu'il instruisait lui-même, ressemblait à celle d'un homme qui fait élever un bâtiment de goût, ou plutôt à celle du cultivateur propriétaire, qui voit craître les guérets qu'il a semés, prospérer la vigne qu'il a plantée; la seule différence est qu'elle était plus délicieuse. Un an s'écoula de la sorte. Le jour anniversaire de la première rencontre d'Aglaé revint. Dulisse brûlait d'envie d'aller ce jour-là aux Tuileries avec Aglaé, pour se rappeler les sensations qu'il avait éprouvées & les renouveler. Il le dit à son *ami;* & l'épouse de celui-ci trouva le moyen de lui procurer ce plaisir. Aglaé partait avec

Agathe, ſa Bonne, ſon frère & ſa ſœur : Duliſſe était préſent. Il demande à madame *S*** la permiſſion de les accompagner; elle l'accorde. Il marche d'abord à côté d'Aglaé; à quelque diſtance, il met ſon bras ſous le ſien; & ſe trouvant pour la première fois à portée de lui parler, ſans être entendu, il lui dit : —En ce moment, il ne manque rien à mon bonheur. —Pourquoi, mon frère ? —C'eſt que je tiens la main qui me rendrait heureux. —Ma main ? —Aimable Aglaé, votre main & votre cœur. Vous ſavez qu'il eſt un âge où les filles & les jeunes-hommes s'uniſſent par les liens du mariage. —Oh! oui : comme une de mes parentes, il y a quinze jours; comme papa & maman, avant que je fuſſe au monde. —Eh bien, c'eſt à m'unir avec vous de la même manière que j'aſpirerais, ſi vous n'aviez pas d'averſion pour moi. —De l'averſion! bien loin de-là; je vous aime de tout mon cœur. —Aglaé, ma divine ſœur, ce mot eſt bien doux; mais vous n'en ſentez pas tout le prix, toute la force. —Pardonnez-moi: je vous aime, parce que vous me plaiſez: je vous aime, parce que vous êtes le ſeul jeune-homme avec qui je m'amuſe; tous les autres m'ennuient : vous êtes le ſeul que je préfère à mes compagnes. N'eſt-ce pas là vous aimer. —Oui, oui, . . ô mon Aglaé! charmante, divine enfant! . . . Vous conſentirez donc que je devienne votre mari, lorsque vous serez dans l'âge d'en choisir un ? —S'il dépend de moi, le choix est fait, Dulisse : il n'est pas de nom que je voulusse changer pour le mien, si ce n'est le vôtre... vous ne me répondez pas, & vous soupirez ? —O ma jeune amie, que vous me rendez heureux ! Tous les hommes me paraissent à plaindre, comparés à moi ; ils ne sont pas aimés d'Aglaé. —Mon frère, j'aime à penser que nous ne nous quitterons jamais ; cette idée me paraît charmante : je mourrais, avant de me séparer de vous.

Cette conversation fut intérompue par la Bonne qui vint à côté d'eux, & qui ne les quitta plus. Mais les deux jeunes cœurs venaient de s'entendre, de se connaître ; la nature s'embellit pour eux ; un charme inexprimable était répandu sur les fleurs & sur la verdure ; la ramage des oiseaux était mille fois plus doux. Les jours suivans, leurs yeux se disaient tout ce qu'ils avaient à se dire : un sourire, un geste étaient compris ; ils signifiaient toujours, *je vous aime.*

Un jour Aglaé commit une faute légère ; mais elle parut grave à madame *S***, qui lui fit une reprimande : la jeune personne humiliée, & déja sensible, suffoquait, & se retira pour pleurer. Dulisse paraît ; il la voit ; il pâlit ; & regardant la mère & la fille, il ne sait à laquelle aller ; enfin il se détermine pour la première : —Chère Maman, lui dit-il, je connais la bonté de votre cœur; vous l'avez affligée malgré vous mais je connais le ſien ; elle ne vous a point offenſée, ſi l'intention fait l'offenſe; je le jurerais; (& tout bas, il ajouta :) Voyez comme elle ſouffre; daignez lui rendre la tranquillité par quelques preuves de votre tendreſſe—. La mère ſourit de cette vivacité ; elle appelle ſa fille ; mais Aglaé était preſqu'évanouie de douleur : Duliſſe vole à ſon ſecours, & délaſſe un corps qui l'étouffait. Madame *S*** effrayée careſſe ſa fille & le jeune-homme; ils ſont tous-deux panchés ſur ſon ſein, de manière qu'Aglaé était dans les bras de ſon amant. Cette ſituation plut ſi fort à la jeune-fille, qu'elle dit à ſa *mère*, en l'embraſſant : —O maman, maman, ceſſez de vous reprocher un mal dont je vous remercie : le plaiſir de voir mon frère avec moi dans vos bras eſt bien plus grand que toute la peine que votre colère m'a cauſée : tous-deux nous ſommes vos enfans, maman; car vous n'y mettez pas de différence—. Ce fut par-là que l'Inſtituteur & les parens d'Aglaé commencèrent à ſoupçonner la ſenſibilité de la jeune fille. Mais ils ne tardèrent pas à en être parfaitement convaincus.

Aglaé commençait à grandir, & la nature cherchait à finir ſon ouvrage; cette criſe dérangea ſa ſanté. Un dimanche matin, Duliſſe venait, ſuivait ſon uſage, pour ſaluer ſes hôtes & leur famille : il ne voit pas

Aglaé ; il demande où eſt ſon amie (car on lui avait permis de la nommer auſſi de ce nom). Alors on lui apprend qu'elle éprouve un violent accès de fièvre : il friſſonne, & prie qu'on lui permette de monter, & de la voir : on s'y oppoſe par la raiſon que la fièvre paraît maligne & contagieuſe. Il demande à madame *S*** ſi elle ne l'approchera pas ? —Je ne veux pas la quitter, & que d'autres la ſervent que moi, répondit cette Dame. —Et la maladie n'eſt-elle donc pas contagieuſe pour vous ? —Comme pour d'autres : mais je fais mon devoir, & je ſuis les mouvemens de mon cœur. —Ah Maman, je fais mon devoir auſſi, & je ſuis les mouvemens du mien : permettez, ſouffrez que je la voie, que je demeure auprès d'elle. —Vous avez une mère, qui n'a d'autre conſolation que vous, & pour qui vous devez vous conſerver. —Madame, pour me conſerver, il faut que je voie mon amie, que je la raſſure, ou je vais mourir d'impatience & de douleur, ajouta-t-il preſqu'en pleurant—. On ſe rendit après quelques autres débats. Dès qu'Aglaé le vit, le ſourire & le vermillon du plaiſir animèrent ſes traits : elle lui tendit la main : le jeune Amant ſe précipite ſur cette main, & paraît vouloir la dévorer. Enſuite il ſe lève, veut la ſervir; on le charge de la fonction de donner à boire à la malade ; & chaque fois, il ſe cache, pour toucher de ſes lévres l'endroit du vase que celles d'Aglaé viennent de presser. Mais ce n'est pas tout; la vue de l'objet aimé opère sur la jeune-personne; d'abord la fiévre augmente; puis de moment en moment, elle diminue; il semble qu'elle soit chassée par le plaisir. Lorsqu'on vit du mieux, on les laissa seuls en apparence. Aglaé dit à Dulisse : —Mon ami, ta présence est un baume salutaire qui me rend la vie. —Oh plût à Dieu ! —Je me sens infiniment bien : seulement, mon cœur est dans une agitation ... j'y éprouve une chaleur que je n'ai jamais sentie... Mais, mon ami, je te laisse toucher ma main, si j'allais te communiquer mon mal ! —Je le préférerais à tous les plaisirs que d'autres pourraient me procurer. —Et moi, j'en serais bien fâchée... mais je n'ai pas la force de te l'ôter. —Elle me guérirait, si j'étais malade, & vous voulez... Aglaé, vous souvient-il de la première fois que je vous vis ? —Oh ! je ne l'ai pas oubliée. —Eh-bien, lorsque je vous aperçus, je trouvai dans vos traits, dans votre air, votre âge même, & votre parure, la ressemblance avec un objet qui m'avait ému bien vivement ; je vous trouvai sur-tout la réalité d'une agréable chimère que j'avais imaginée la veille, pour l'aimer. Je ne sais pas si vous êtes la beauté même ; tout ce que je sais, c'est que, pour être belle, il faut approcher de ce que vous êtes : c'est vous qui me paraissez le divin modèle de tous les attraits : pour avoir des charmes dans l'esprit & dans le caractère, c'est comme vous que l'on doit penser, agir & parler; Aglaé est la perfection même. Vous vous rappelez, mon aimable amie, que je demeurai comme interdit, en m'approchant de vous; je recueillais tous mes esprits, toutes mes forces; j'en avais besoin pour goûter le plaisir que me fesait votre vue : sans vous parler, je vous jurais tout-bas une constance éternelle. —Oh ! mon ami, je sens tout ce que tu dis, quoique ce langage soit nouveau pour moi; depuis que tu me parles, un voîle s'est ôté de devant mes yeux : je me sens entraînée vers toi : ce que tu éprouvais alors, je le ressens aujourd'hui. Mon ami, serons nous inséparables ? —Oui, oui, à jamais. —On disait hier que tu étais plus riche que moi ? —Oui, mon amie : cependant ce n'est pas là un obstacle; maman est bonne. —Elle est donc comme la mienne ? —Oui, ma chère âme. Elle approuve notre tendresse. —Tu lui as donc écrit que je t'aime ? -Non, belleAglaé, mais que je vous adore. —Il falait lui dire que je t'aimais; m'as tu fait l'injure d'en douter ? —Fille adorable ! non, non : mais j'ai voulu qu'elle l'apprît de votre bouche. —Oh ! dès que je la verrai... Mon ami, il me semble que de t'aimer, c'est une action glorieuse; je le suis de ma tendresse pour toi. —Et moi, mon Aglaé, si vous sçaviez... Mais je veux vous donner des preuves de ce que j'avance, que ma mère desire mon bonheur: voici sa réponse. —Mon ami, je te croyais, sans la Lettre; mais, puisque tu l'as, je serai charmée de la lire, & de baiser le nom de ta mère; elle sera la mienne. Donne—. (Voici le sens de cette Lettre.)

LETTRE de la Maréchale à son Fils.

Vos dispositions actuelles, mon cher fils, ne méritent que des éloges: pourquoi paraissez-vous craindre mon improbation? J'ai vu mademoiselle Aglaé dans une maison où je vais souvent; quoique très jeune, elle me parut promettre beaucoup; & comme je compte qu'elle ne démentira pas ces heureuses dispositions, je mettrai ma gloire à la nommer ma fille. Soyez certain, mon ami, que je la crois très-digne de vous, autant par sa naissance, que par son mérite personnel, que votre AMI *n'a pas manqué de me faire connaître. D'après son témoignage, vous pouvez compter que j'entrerai dans vos vues; tâchez de mériter le cœur de votre Maîtresse; votre bonheur, & la tranquillité du reste de mes jours dépendent de l'attachement que votre femme aura pour vous; non-seulement parce que je m'intéresse, de la manière que vous savez, à mon fils uniquement aimé, mais parce que cet attachement rejaillira sur moi. Instruisez-moi de vos progrès; & soyez sûr que je vous seconderai de tout mon pou-*

voir, tant auprès des parens de l'aimable Aglaé, qu'auprès d'elle-même. Je me réserve seulement le choix des moyens, qui peut-être ne vous satisferont pas toujours : mais alors rapportez-vous en à une mère qui fait sa félicité de la vôtre, & confiez-lui votre sort. Je vous embrasse, mon cher fils, & fais mille vœux pour vous & pour celle que j'aime déja comme ma fille. *Veuve* DULISSE.

En achevant cette lecture, Aglaé baisa plusieurs fois le papier. —Qu'elle ressemble bien à ma mère ! que je vais l'aimer ! Mon ami, voulez vous me laisser cette Lettre.... Mais non, elle doit vous être trop chère... —Aglaé, plus elle me l'est, & mieux je la trouverai dans vos mains. —Attendez, je veux la serrer... —J'ai quelque chose qui sera propre à la conserver—. Il va chercher une boîte fort riche, & la lui présente. Aglaé l'ouvre, aperçoit dans le fond du couvercle une peinture; elle l'examine un moment, & dit : —Mais c'est votre image ! —Oui, mon amie. —Ah ! que j'en suis charmée—. Après un moment de silence & de réflexion, elle ajouta : —Je crois, mon ami, que je ferai mal de recevoir cette jolie boîte; je ne sais quoi me le dit. —Vous avez raison; & je ne dois pas chercher à vous dérober des faveurs. —Comment ! —Recevoir mon portrait en est une trop grande... —Je le voudrais bien, pourtant : d'ailleurs, la charmante Lettre pourra se gâter... —Je vais

vais demander à notre Maman la permission de vous l'offrir—. Il y courut, exposa ses raisons, & ne tut pas les scrupules d'Aglaé : mais l'Instituteur & madame S** avaient tout entendu ; ils louèrent leur délicatesse, & la mère permit d'offrir le présent. Par ce moyen, Aglaé jouit d'une satisfaction plus vive & plus pure.

Tout cela s'était passé dans la matinée: on avait à dîner plusieurs personnes de la famille: elles entrèrent, tandis que le père, la mère d'Aglaé & l'Instituteur donnaient toute leur attention à l'entretien des deux jeunes amans; on fit partager ce plaisir aux arrivans, & l'on n'exclut pas même quelques jeunes-personnes. —Mon ami, disait alors Aglaé, mon mal est entièrement cessé; je voudrais me lever : appelle ma Bonne, & nous laisse. —Aglaé, je crains... —Augure mieux du pouvoir de ta mère, & de l'effet de ses bontés pour moi, mon ami. —Que j'envie le sort de la Bonne. —Oh ! moi, je vous aime mieux ce que vous êtes.—Elle vous aidera ; elle va toucher tous vos ajustemens; les placer... ce devrait être l'emploi des amans. —Je conçois ce que tu veux dire, mon ami : l'autre jour à la promenade, lorsque tu racomodas une des boucles de mes cheveux, j'éprouvais un plaisir, pour lequel je ne sais pas encore de terme. —Aglaé, vous m'aimez, comme je desirais de l'être... —Tu m'interomps; car je voulais ajouter, que le lendemain je voulus préparer ton plumet, en ôter la poudre, comme le fait quelquefois l'épouse de ton *ami*, & que je trouvais dans cette occupation plus de plaisir encore, que lorsque ta main arrangeait mes cheveux. —Divine enfant!... Mais je cours exécuter vos ordres—.

Tandis qu'Aglaé s'habillait, après en avoir obtenu la permission de sa mère, Dulisse passa dans l'appartement où tout le monde était. Les jeunes-personnes regardaient avec curiosité ce jeune homme si tendre; mais elles n'osaient l'accuser d'avoir adressé ses vœux à une enfant; Aglaé savait aimer, & son cœur était formé. Elle ne tarda pas à paraître: l'Instituteur pria Dulisse de donner à son Écolière sa leçon de musique & de clavessin; il savait combien un amant est flaté de voir briller ce qu'il aime. Aglaé exécuta la 6e Sonate d'*Honaüer*, avec des grâces & une précision, qui lui firent donner mille éloges. Ensuite elle chanta: sa voix, la plus douce & la plus harmonieuse qu'on pût entendre, se mariait agréablement au son de la flûte avec lequel Dulisse l'accompagnait. Enfin ils chantèrent ensemble le Duo de l'*Olimpiade* du Métastase, *Mia vita*. Les talens perfectionnés de l'aimable enfant firent taire la jalousie dans le cœur des grandes filles qui l'écoutaient, & qui venaient d'envier son bonheur. Le dîner fut d'une gaîté délicieuse; & l'on donna le reste de la journée aux amusemens. On dansa; Aglaé qui cultivait cet art, effaça toutes ses compagnes. Dulisse, doublement satisfait; (puisqu'Aglaé lui devait ses talens, & qu'il en était aimé,) partageait avec elle un encens flateur, dont les tendres remercîmens de madame *S*** augmentaient la douceur. Ce fut dans ces circonstances que madame de Th** fit faire des présens d'étoffes, de bijoux & de diamans à l'Amante de son fils. Madame *S***, à cette occasion, proposa de lui faire quitter l'habit de la première jeunesse. Dulisse engagea son Gouverneur à s'y opposer, en lui avouant que la forme de l'habit sous lequel Aglaé l'avait charmé, lui plaisait beaucoup plus que toute autre. Il ajouta que les robes devraient être annexées à *nos femmes* seulement; que cet habillement est trop sérieux pour les filles, & qu'il confond mal-à-propos deux états qu'il serait à-propos que les hommes reconnussent au premier-coup-d'œil. Ces observations parurent justes à l'Instituteur; & l'on y eut égard. Aglaé, parée des dons de la Maréchale, parut avec un éclat, qui surpassait tout ce que la ville pouvait offrir de plus aimable.

Voila donc le Vicomte amoureux autant qu'on peut l'être sans traverse; il a parfaitement oublié une passion criminelle. Il s'agit maintenant, pour remplir les vues du Maréchal, de détruire toute cette douceur, pour donner du ressort à son âme, qui ne manquerait pas de s'engourdir au sein du bonheur, & de lui faire acheter l'union qu'il desire, par tant de travail, que ce bien lui devienne aussi précieux par-là, que par sa valeur réelle. On va les séparer : mais Aglaé, plus jeune & plus faible, sera ménagée ; l'espérance ne sera pas éteinte dans son cœur : aulieu que le Vicomte croira n'avoir plus rien à prétendre. La guerre fut l'occasion de leur séparation ; le devoir appelle le Vicomte à la tête de son Régiment ; la guerre est le métier de son père ; il doit marcher sur ses traces, se distinguer comme lui, & parvenir aux mêmes honneurs. Cependant, comme il n'est pas marié, qu'il faut ménager l'héritier d'un nom illustre, & qu'on ne veut que l'éloigner de sa maîtresse, non pour éteindre, mais pour donner plus de corps & de consistance à son amour, le corps qu'il commande sera loin du danger : d'ailleurs, la maxime du Maréchal est qu'on ne doit exposer au combat que des hommes faits & déja reproduits ; il traitait la conduite opposée de folle & de destructive du genre humain. Il aurait voulu qu'on n'eût fait ses premières armes qu'à trente ans, comme à Sparte. A la vérité, l'on aurait pu lui répondre, que chez ce peuple, où tout était en commun, les enfans qui perdaient leurs pères, n'étaient exposés à manquer ni d'éducation, ni de subsistance ; au lieu que parmi nous... Il interrompait avec emportement, & demandait, Depuis quand un abus en excuſait un autre? Mais je laiſſe cette diſcuſſion. Les adieux des deux Amans furent tendres. Arrivé dans la Provence, le Vicomte demanda la permiſſion d'écrire; on la lui refuſa ſous différens prétextes. Il s'adreſſe à ſa mère: elle répond, que *le comte d'E*** a quatre filles, toutes fort riches, les deux dernières étant extrêmement avantagées par le teſtament de deux tantes qui leur ont laiſſé une fortune conſidérable, & les deux autres devant avoir à elles-ſeules toute celle de leur maiſon; qu'on lui a fait propoſer une de ces filles, à ſon choix, l'ami commun promettant d'obtenir l'aveu de monſieur & de madame d'E***, quelle que ſoit celle pour laquelle elle ſe déterminera:* elle finit ſa Lettre en lui diſant, *qu'elle lui laiſſe le choix entre les quatre ſœurs; que cependant elle panche pour la troiſième, qui reſſemble beaucoup à Aglaé. Croyez*, ajoutait-elle, *que mes vues ne ſont aucunement changées; je veux votre bonheur, comme vous le deſirez; laiſſez-moi le faire.* Cette lettre fut un coup-de-foudre pour le Vicomte. Il court la montrer à ſon *ami;* il ſe plaint de ſa mère; l'accuſe d'injuſtice; parle de la Lettre qu'elle lui écrivit chez les parens d'Aglaé, qu'il a laiſſée à cette dernière, & qui devient un titre entre ſes mains. L'Inſtituteur répond, qu'il ne doit s'en prendre qu'à lui-même, ſi ſa mère a feint d'approuver une paſſion innocente, pour le guérir d'une autre qui ne l'était pas; qu'il est étonnant qu'il ôse se plaindre de deux choses; la première, qu'on lui ait sauvé l'honneur, qu'il voulait perdre, emporté par une folle passion, en en tolérant une plus légitime; la seconde, qu'on l'empêche de contracter un mariage qui n'est pas convenable : —Aglaé, ajoute-t-il, est une petite bourgeoise, comme fille de monsieur *S*** ; & ce dernier ni sa femme n'ont jamais compté que vous deviendriez leur gendre; ils sont mes amis, & se sont prêtés à tout pour m'obliger : bien plus, ils seraient très-fâchés de cette alliance, qui, me disaient-ils, n'est pas plus ce qu'il nous faut, qu'au jeune Seigneur que vous avez élevé. Ainsi, je vous conseille d'oublier Aglaé, & de travailler à vous rendre tel qu'il faut pour entrer dans les vues raisonnables de madame la Maréchale.

Ce discours pensa faire perdre patience au jeune Amant; il suffoquait, & ne put répondre : l'Instituteur se retira. Huit jours entiers s'écoulèrent, sans qu'il dît un seul mot sur cette matière. Enfin le neuvième, il entra chez son Gouverneur, une Lettre à la main, qu'il le pria de lire. Elle était conçue à-peu-près dans ces termes :

MADAME, j'aurais cru que vous estimiez assez votre fils, pour ne pas employer avec lui les détours & la ruse; cependant ce n'est pas là de quoi je pense avoir droit de me plaindre de ma mère ; elle a sur moi des droits trop sacrés, pour que j'entreprenne de les discuter : mais je m'en rapporterai à elle-même sur une autre point ; en avait-elle sur Aglaé ? peut-elle, sans injustice, déchirer le cœur d'une innocente & belle créature, pour en arracher un panchant qu'elle a autorisé ? Voila, Madame, ce que je soumets à votre décision. J'ôse ajouter, que vos ordres, vos conseils, vos bontés eussent suffi pour me guérir d'une autre passion, qui n'était pas, après tout, aussi forte que je le croyais moi-même. J'attends de vous, Madame, que vous voudrez bien me tranquilliser, soit en m'accordant la satisfaction de vous rendre à ces raisons, soit en me donnant la force de vous obéir. Je suis, &c.

Cette Lettre, en apparence assez tranquille, partait d'une âme outrée, & l'orage le plus terrible se préparait. L'Instituteur le sentit ; mais comme ses précautions étaient prises, il ne s'en inquiéta pas. Voyons maintenant ce que fait Aglaé, & la conduite que l'on tient à son égard.

Dès que le Vicomte fut parti, la Maréchale alla la voir, & lui fit mille caresses : elle fut si charmée de son mérite, qu'elle desira de l'avoir auprès d'elle, & d'achever elle-même son éducation. Elle obtint facilement l'aveu des parens d'Aglaé ; & ce projet s'exécuta quelques jours après. Vous concevez que c'était un excellent moyen de lui faire supporter l'absence de son Amant, que de vivre avec sa mère : la Maréchale, en se fesant connaître, découvrait en même-temps quel était le rang du faux Dulisse ; mais Aglaé ny fit pas d'attention ; ces choses n'avaient point encore de prix à ses yeux : mais ce qui la flata, c'est que tous les jours, la Maréchale l'entretenait du Vicomte ; cette Dame se plaisait à nourrir une innocente tendresse ; elle lui confia que son fils ignorait qu'elle fût à l'hôtel de Th** ; mais elle lui fit un mystère de sa conduite présente envers le jeune-homme.

Telle était la situation des deux Amans, lorsque madame de Th ** reçut la lettre de son fils, & une de l'Instituteur, qui lui fesait part de ses conjectures. La réponse de la Maréchale au premier contenait en substance, Que *les détours avaient paru nécessaires dans un âge où l'homme ne jouit pas encore de toute sa fermeté ; & qu'elle se garderait bien d'employer dorenavant un pareil remède ; Qu'à l'égard d'Aglaé, elle prenait soin de la dédommager des peines qu'elle pouvait lui causer ; que cette raisonnable enfant venait de lui remettre la lettre & son portrait, & qu'elle les lui renvoyait ; Qu'un homme fait comme il devait l'être, avait toujours la force de surmonter ses passions, lorsque le devoir l'exigeait, & que c'était-là ce qu'elle avait droit d'attendre de lui.* Elle lui ordonnait, par un *Post-Scrip-*

sum, d'écrire au comte d'E***, *pour le remercier de l'honneur qu'il voulait bien leur faire, & l'assurer de sa reconnaissance.* Il serait difficile de vous représenter ce qui se passa dans l'âme du Vicomte à cette cruelle épreuve ; il ressentit tout ce que la douleur, l'emportement & l'amour ont de plus violent & de plus cruel. Il se représentait Aglaé opprimée, contrainte, & peut-être desespérée ; son cœur se brisait. L'Instituteur le laissa quelque temps se consumer lui-même, avant de se présenter. Lorsqu'il parut, le Vicomte le remarquait à peine. —Monsieur, dit le premier, l'état où je vous vois, & dont je n'ignore pas la cause, ne me surprend pas ; l'amour est une maladie de l'âme, qui a son commencement, son milieu & sa fin comme celles du corps ; la période est plus ou moins longue, suivant les caractères : mais croyez, monsieur, qu'il faut que cette maladie soit passée, avant que l'homme soit capable d'une résolution dont il n'ait pas à rougir. Ainsi, je vous conseille, avant de prendre aucun parti, d'attendre que vous soyiez maître de vous-même ; c'est l'unique reconnaissance que j'ôse exiger de mon attachement pour vous : songez qu'un homme dans l'ivresse n'est pas capable d'agir avec jugement. Souffrez : est-ce donc quelque chose de si difficile pour un homme, que de souffrir avec patience ? Un fils tel que vous, doit-il regreter le sacrifice de quelques-uns de ſes plaiſirs, fait à celle qui l'a porté dans ſon ſein ? Voulez-vous prendre les mœurs de ceux que nous avons ſi ſouvent improuvés ? Qu'exige votre mère ! Le ſacrifice de votre ſatisfaction actuelle ? de votre bonheur, ſi vous voulez ? Cela paſſe-t-il vos forces & votre tendreſſe pour elle ? Dans ce cas, ne le faites pas; je ne puis vous conſeiller l'impoſſible : tombez dans la claſſe des hommes ordinaires, & même audeſſous; perdez en un moment vos droits à ſa tendreſſe, à ſon eſtime, & l'autorité que vous auriez un jour ſur vos enfans; car ils ne devront à leur père, que ce qu'il aura donné à ſes parens. Vous m'allez parler du bonheur d'Aglaé : croyez-vous le faire, en deſobéiſſant à votre mère ? en la plaçant malgré elle dans votre famille ? Croyez-vous que cette jeune-perſonne ſoit bien flatée d'une alliance, dont l'amitié de votre mère eût fait diſparaître la diſproportion, mais qui, ſans elle, eſt plutôt une honte qu'une illuſtration ? Vous n'avez donc rien que de frivole à repliquer. O mon ami ! ſi votre père vivait, que dirait-il ? ... Avez-vous ſi peu de confiance en nous, que vous croyiez que nous voulons faire votre malheur ? —Vous m'ôtez Aglaé ! —Pour vous donner une des demoiſelles d'E***, une fille dont la naiſſance égale la vôtre, auſſi belle qu'Aglaé, qui vous plaira comme elle, ſi vous daignez la voir. —Monſieur, comment donc croyez-vous que j'aie le cœur fait ? —Pas différemment du commun des hommes, mon cher Vicomte : mais je vous crois du courage plus que le commun des hommes ; autrement nous aurions perdu tous-deux bien des peines. —Renoncer à mon Aglaé ! —Ce ſacrifice vous coûte donc beaucoup. —Ah ! mon *ami*, je donnerais ma vie pour ma mère, ſans regret, ſans héſiter ; mais vivre ſans Aglaé... —Et croyez-vous que l'effort fût bien grand de quitter par devoir une fille qui vous ſerait indifférente, ou que vous aimeriez faiblement ? Mon ami, qu'eſt-ce que la vertu ? Elle conſiſte *à s'abſtenir de ce qui nous plaît davantage*, dit un Poète ; elle *eſt le bien, difficile à faire ;* elle *ſurmonte toutes les difficultés ;* votre *Ovide*, ce Poète voluptueux & léger, ne vous a-t-il pas appris tout cela ? Réfléchiſſez-y ; laiſſez calmer vos premiers mouvemens ; & dans huit jours, faites-moi part de vos réſolutions.

Durant l'intervalle donné, l'Inſtituteur ſe garda bien de dire un mot qui eût trait à cette affaire ; & le Vicomte en uſait de même. Mais dès qu'ils furent expirés, ce dernier vint trouver ſon Gouverneur : —Mon *ami*, lui dit-il, j'ai fait de ſérieuſes réflexions ; & tout conſidéré, j'ai réſolu d'obéir, duſſé-je en mourir de douleur : voilà ce que je vous promets d'exécuter, ſans vous importuner, ſans me plaindre : ſeulement craignez, & faites craindre à ma mère, d'avoir trop exigé—. A ces mots, l'Instituteur l'embrassa, les larmes aux yeux; il l'appela sa gloire, son triomphe, le bonheur de la Maréchale. Il ajouta que ce ne serait que dans quelques années qu'on le présenterait chez monsieur d'E***. Depuis cet entretien, il ne lui parla plus de sa passion : il le voyait souffrir courageusement; il en avait pitié jusqu'à répandre des larmes en secret; mais il ne pouvait s'empêcher de s'applaudir d'avoir mis les mœurs de son Élève en sureté par cette vive passion, & d'empêcher que son cœur, en s'accoutumant à un sentiment trop doux, n'y devînt insensible avant l'âge de la parfaite maturité.

Quatre années d'instructions dans l'art pénible de la guerre s'écoulèrent ensuite: dans l'intervalle, & durant les hivers, l'Instituteur familiarisa son Élève avec *Grotius*, *Puffendorff*, *Machiavel*, l'Abbé de *Saint-Pierre*, *Montesquieu*; ils lurent la République de *Platon*, se mirent au fait des Loix de *Lycurgue*, & se délassèrent avec deux petits ouvrages de l'illustre *Citoyen de Genève* (*). Le Maître parut tirer un égal profit des défauts de ces Auteurs & de ce qu'ils avaient imaginé de plus utile. Ce fut au bout de ce temps, c'est-à-dire durant l'hiver de 17.... que le Vicomte revint dans les bras de sa mère. Vous êtes curieux de

(*) Le Discours sur l'Inégalité des Conditions, & le Projet d'une Paix universelle.

ſavoir s'il a oublié ſon Aglaé ? Non, mon ami; mais, à ſon retour, il n'ôſe en parler: il ſent qu'un fils bien-né doit ſacrifier ſa propre ſatisfaction à celle d'une mère; il ne croit pas avoir acquis le droit de l'affliger de la contredire (*). Vous deſirez encore de ſavoir ce qu'eſt devenue cette Aglaé ? Elle eſt reſtée chez la Maréchale juſqu'au jour qui précéda celui de l'arrivée de ſon Amant; alors elle retourna chez ſes parens. Voila tout ce que je puis vous dire: modérez votre curioſité ſur le reſte; le Vicomte, bien autrement intéreſſé que vous à cette aimable fille, en agit de la ſorte. En voulez-vous ſavoir la raiſon ? C'eſt que, durant les quatre années qui viennent de s'écouler, on a dévelopé les inſtructions précédentes, & qu'on l'a bien convaincu, qu'il y a autant de lâcheté à ne pas faire ſon devoir de fils, qu'à fuir devant l'ennemi, à refuſer un de ces combats qu'un malheureux uſage, plus fort que les Loix, autoriſe parmi nous. On lui a fait enviſager comme bien au-deſſous du ſoldat ſans cœur, que la mort épouvante, l'homme couard, qui cède à ſes paſſions, & ſe laiſſe vaincre par ſoi-même. Il adore toujours Aglaé; on ceſſe rarement d'aimer l'objet dont on ſe ſépare dans le fort de la paſſion; cependant il s'in-

(*) Il faut être lâche & puſillanime, comme tous nos jeunes fats & nos petites-maitreſſes, pour s'imaginer que l'on a droit à tout ce qui plaît actuellement, & que c'eſt le vœu de la nature.

terdit toute viſite à ſes parens. Je ne vous dirai pas qu'il n'eût pas de rudes combats à ſoutenir; que vingt fois il ne fût pas tenté de ſuccomber : il m'a lui-même avoué qu'il éprouva tout cela mille fois plus vivement que je ne ſaurais vous le peindre; mais enfin il remporta la victoire toute entière; & lorſque la Maréchale lui fit dire, qu'elle le menerait le lendemain chez le comte d'E***, il répondit fermement & ſans héſiter, qu'il était prêt à tout ce qu'elle exigerait. L'Inſtituteur était préſent : dès qu'ils furent ſeuls, il ſe jète aux genoux de ſon Élève, & les embraſſe. Surpris de cette action, le Vicomte s'efforce de le relever, en lui diſant : —Mon père, mon *ami*, que faites-vous? que voulez-vous? —Vous remercier, répondit l'honnête-homme, d'avoir pris ſoin de mon honneur aux dépens de vous-même. Non, mon cher fils, (je le reconnais enfin) ce n'eſt point à moi que vous devez vos ſuccès; c'eſt à la trempe de votre cœur; toute l'obligation eſt de mon côté; vous me comblez de gloire aux yeux de la Maréchale; mais je l'uſurperais, ſi je ne vous la rendais pas. Vous êtes digne à préſent de tous les emplois : A la guerre, vous ſerez un Spartiate, un Alexandre encore vertueux, un Coriolan; dans la négociation, vous ſerez incorruptible : l'amour eſt l'écueil des héros; & vous l'avez vaincu; la piété filiale l'a vaincu : vous êtes enfin digne d'être heureux; &

votre félicité ſera ſans mêlange, puiſqu'elle ne coûtera de regrets à perſonne—.

Le lendemain, la Maréchale & ſon fils ſe rendirent chez le Comte & la Comteſſe d'E***. Ils y furent reçus comme des amis vivement deſirés. Le Vicomte avait l'air libre, content. Monſieur & madame d'E***, qui l'obſervaient avec une ſcrupuleuſe attention, ne remarquèrent pas un ſeul geſte, pas un ſeul regard qui n'exprimât la ſatisfaction. Cependant ils connaiſſaient ſon cœur. La Maréchale parla de l'alliance, comme d'une choſe arrêtée, & dont l'exécution ne devait plus ſe remettre. Le Vicomte remercia le Comte & la Comteſſe de l'honneur qu'ils lui feſaient, & les pria de croire qu'il allait faire tous ſes efforts pour s'en rendre digne. Là-deſſus, madame d'E*** lui dit, qu'elle allait faire appeler ſes filles; qu'on lui permettait de choiſir —Je m'interdis le choix, madame, répondit il; je m'en rapporte à madame la Maréchale & à vous-même. —Nous voulons que vous choiſiſſiez, dirent alors le comte d'E*** & madame de Th**, mais lorſque vous les aurez toutes vues. —J'obéirai, répondit le jeune-homme—. En même-temps, meſdemoiſelles d'E*** parurent. L'aînée avait un air noble, tempéré par une inexprimable douceur; elle eſt brune, & plutôt belle que jolie. [Ici Roger m'interrompit: —Mon père, cette aînée... mais c'eſt ma mère? —Oui, mon fils, lui répondis-je; & vous connaissez toutes ses vertus]. Le Vicomte se fût déterminé pour elle, s'il n'eût pas promis de choisir. La seconde, (c'est *Juliette*, comtesse de J**) était vive, enjouée, presqu'étourdie; mais si piquante, si jolie, qu'il falait avoir vu *Adelaïde*, son aînée, pour ne pas la préférer. La quatrième parut ensuite, (c'est *Suzette*, comtesse de Saint A*:) celle-ci différait des autres par son genre de beauté; elle est blonde, mais éblouissante, tant elle a de grâces; c'est Flore elle-même: son caractère tenait un peu de celui de Juliette; la seule différence, c'est que celle-ci avait un cœur porté à la tendresse, & que Suzette était une espiégle, un petit lutin qui détestait notre sexe, & se plaisait à le desoler : la vivacité des yeux de Juliette semblait exprimer des desirs; les yeux de Suzette, un panchant pour faire des malices. Restait *Léonore*, la troisième; elle tarda longtemps; & le Vicomte ne paraissait pas fâché de ce répit. Ses yeux se fixaient, malgré lui, sur la maligne Suzette, qui feignait de l'agacer; & tels sont les hommes, que je crois qu'il panchait pour elle, du-moins autant que pour Adélaïde, sans-doute alors fort supérieure en mérite à sa jeune sœur, qui sortait à peine de l'enfance. Enfin Léonore parut. Elle est moins brune qu'Adélaïde; elle a son air affable & sa douceur : une grâce qu'on ne peut définir, était répandue sur toute sa personne; les mêmes étoffes sont plus belles, plus

plus séyantes sur elle que sur une autre; ses yeux, son rire ont un charme auquel on ne peut resister; elle est faite comme Aglaé; mais elle est plus formée, elle est plus belle; on voit que ce sont les mêmes traits, & que cette ressemblance annoncée par la Maréchale existe réellement; cependant on ne peut la prendre pour la même personne. Je vous en dis assez pour vous faire sentir que Léonore est préférée. L'aimable fille le desirait. Elle ne fut pas la maitresse de son controuble & de son émotion, lorsqu'elle connut son sort; ses beaux yeux se mouillèrent de quelques larmes. Pour le Vicomte, il était extrêmement embarrassé de lui-même, après son choix; il n'ôsa plus lever les yeux sur elle. De leur côté, le Comte, la Comtesse d'E*** & la Maréchale s'entretenaient tout-bas, & contraignaient le rire, qui s'échapait malgré eux. Enfin, quoiqu'il eût paru que madame de Th** & son fils devaient dîner à l'hôtel d'E***, tout-à-coup la Maréchale dit à ce dernier, de prendre congé de sa maitresse & de ses parens. Ils s'en retournèrent chez eux; & l'Instituteur ne parut pas peu surpris de les revoir; mais la mère de son Élève lui dit un mot en particulier, avant de se mettre à table, qui l'instruisit suffisamment.

Durant le dîner, le Vicomte fut pensif: on parla de Léonore; il en dit beaucoup de bien, & loua même sa beauté. La Maréchale l'aſſura que, lorſqu'il l'aimerait, elle ſe croirait la plus heureuſe des mères. —Je le penſe, madame, répondit-il; cette jeune-perſonne eſt digne d'être votre fille; mais moi le ſerai-je d'être ſon époux? —Oui, mon ami. —Eh! le puis-je, lorſque je n'ai pas encore oublié... Oh! madame, pardonnez; je vous le jure devant cette image de mon père, dont les regards paraiſſent arrêtés ſur moi, que ce n'eſt pas la beauté de cette enfant, qui cauſe mes regrets; Léonore eſt plus belle: mais ſon âme, ô ma mère! ſon cœur... ſi vous ſaviez tout ce qu'elle m'a dit!... Je vous demande pardon de mon indiſcrétion, madame; que cette ouverture ne vous afflige point; je vous obéis ſans répugnance; je ſens que vous avez raiſon de l'exiger; mon eſprit eſt tout pour vous, & la moitié de mon cœur. —Mon cher fils, répondit la Maréchale, vous ſurpaſſez tout ce que j'attendais de vous: non, mon ami, n'oubliez pas Aglaé; nous devons une éternelle reconnaiſſance à quiconque nous aima: mademoiſelle d'E*** la connaît; elle ſait tout, auſſi-bien que vous; & c'eſt l'eſtimable, la charmante Léonore, qui ſe charge du bonheur d'Aglaé; je vous avouerai même qu'elle y réuſſit... En ſeriez-vous fâché? C'eſt une dette qu'elle paye, mon fils; elle lui enlève ſon Amant, un Amant vertueux, qui s'immole à ſa mère... elle lui enlève un tréſor. —Vous me flatez, madame, en r'ouvrant la plaie de mon cœur. —Ah ! mon fils, je te flate, je te loue! heureuſe mère! d'avoir à te louer!... Et ſe tournant vers l'Inſtituteur : —Monſieur, lui dit-elle, votre ouvrage eſt achevé : mon époux, que vous avez ſi dignement ſecondé, remplacé, outre les témoignages de ſa reconnaiſſance, avait deſtiné un prix à celui qui contribuerait à rendre ſon fils heureux, c'eſt-à-dire homme-de-bien; c'eſt le préſent que lui fit un ſage & puiſſant Monarque dans une Ambaſſade dont il fut honoré auprès de lui; un diamant enfin, digne de celui qui le donnait; le voila; il eſt à vous à tous les titres : mon époux ordonne que vous l'acceptiez—. L'Inſtituteur le prit avec mille témoignages de gratitude & de reſpect. Enſuite il dit à la Maréchale : —Madame, ſi j'ai bien entendu les termes dont vous vous êtes ſervie, je ne ſuis pas celui que monſieur le Maréchal avait en vue : cependant j'ai reçu ce précieux gage de votre main; l'honneur que vous venez de me faire, m'a flaté au-delà de ce que je puis dire : mais, puiſqu'il eſt à moi, & que vous avez ſuivi l'impulſion de votre cœur, il m'eſt permis de ſuivre celle du mien; & je vais, dès ce même jour, porter ce préſent à la belle Aglaé, de la part de mon *ami ;* car c'eſt elle qui a le plus contribué à ſon bonheur, & qui ſans-doute achevera de le rendre le plus heureux des hommes—. La Maréchale, qui n'était pas prévenue, & qui avait donné le diamant de bonne foi (il valait 15000 écus) comme une récompenſe méritée, fut extrêmement ſurpriſe; mais elle ne put modérer le tranſport de ſa joie, en conſentant à ce que l'Inſtituteur propoſait. Le Vicomte parut ſe réveiller comme d'un profond ſommeil: —C'eſt moi qu'elle aime, dit-il à-demi bas; & je ne lui donne que de vains ſoupirs–! On lui fit entendre que c'était à quoi il devait ſe borner. Dans l'après-dînée, l'Inſtituteur ſe rendit chez le comte & la comteſſe d'E***, leur fit part de ce qui venait de ſe paſſer, & remit le diamant à Léonore pour Aglaé. Il eut un long entretien avec elle, qui cauſa beaucoup de ſatisfaction à cette aimable fille.

Après avoir rendu ſa première viſite chez monſieur & madame d'E***, le Vicomte s'attendait qu'on le preſſerait de la revoir; il ſe trompa: ni la Maréchale, ni l'Inſtituteur ne lui en dirent un mot. Mais les préparatifs pour le mariage n'en allaient pas moins leur train; & monſieur de Th** les voyait ſans-peine: bien-plus, il était ſecrettement attiré vers Léonore; il aurait deſiré que ſa mère l'obligeât de ſe préſenter: c'était un reſte de foibleſſe, dont il ne tarda pas d'avoir honte. Un matin, il alla lui-même prier la Maréchale de le conduire à l'hôtel d'E***: vous penſez quelle fut la joie de cette tendre mère! Le jour du choix, le

Viconite avait à-peine démêlé les traits de Léonore, & content de voir un rapport entr'elle & Aglaé, il l'avait préférée par cette raiſon ſeule; du-reſte, il ne l'avait pour-ainſi-dire qu'entrevue; elle ne lui avait pas même dit un mot. Aujourd'hui l'on va ſe mieux connaître; mais, par un effet aſſez bizarre de l'amour, tout ce que Léonore a de mieux qu'Aglaé, eſt preſqu'un défaut aux yeux du Vicomte; c'eſt Aglaé qu'il aime dans Leonore, telle qu'il l'a vue; il voudrait lui retrouver cet air enfantin & libre; la modeſtie ſi touchante, l'aimable retenue de Léonore, qui ſiéd à l'âge qu'elle a pour-lors, ſes talens perfectionnés, tout cela coûte des ſoupirs au Vicomte. Elle lui parle; attentif à la ſeule choſe qui le flate, il entend moins ce qu'elle lui dit, qu'il n'écoute le ſon de ſa voix pour le comparer; il eſt plus doux, l'accent en eſt plus flateur que celui d'Aglaé; cette voix eſt faite pour remuer les cœurs; cependant il eût préféré la voix moins harmonieuſe d'Aglaé. On les laiſſe ſeuls: l'aimable fille eſt alors moins timide, moins embarraſſée; elle jette ſur ſon Amant un regard de complaiſance, accompagné d'un ſourire mignard: le jeune-homme eſt ému: l'enchantement veut s'emparer de ſon cœur; il y réſiſte; mais il dit à Léonore: —Madame, vous méritez les hommages de tous les cœurs: plus je vous vois, plus je me trouve indigne du bonheur qu'on me prépare. —De tant d'hommages, que je mérite, je n'en desire qu'un; & celui qui me le rend, se trouve indigne de moi! Si je savais quelles sont les raisons qu'il s'en donne à lui-même, peut être ne les combattrais-je pas sans succès. —Trop au-dessous de vous, par le mérite, madame... —Ce ne sont pas là vos raisons; je vous crois très-modeste, monsieur; mais, entre nous, vous savez ce que vous valez, & croyez savoir ce que je vaux: n'obtiendrai-je pas votre confiance? —Je n'aurais osé, madame, vous faire des confidences... mais, puisque vous l'exigez, & que même vous paraissez instruite... Aglaé vous est connue. —Comme moi-même. —Vous l'aimez. —Moins que je n'aime quelqu'un... Oui, je l'aime comme moi-même. —Eh-bien, madame, elle eut mes premiers vœux. —Loin d'en être fâchée, c'est le fondement de mon bonheur. —Mais, mon cœur, en ce moment, peut-être, est plus à elle que je ne voudrais. —C'est comme s'il était tout à moi: me croyez vous donc injuste? Aglaé, telle que vous l'avez vue, ne vous convenait pas, en vertu des loix, des usages établis; vous y renoncez, quoique vous l'aimiez: vous méritez mon estime & ma reconnaissance, bien davantage que si vous aviez cessé de l'aimer. Vous m'avez choisie par obéissance, par respect pour votre mère; mais vous m'avez choisie; je ne vous suis donc pas indifférente? cela me suffit; c'est à moi de mériter des sentimens plus tendres—. Le Vicomte, ſurpris de ce langage, & d'une liberté qui ne lui paraiſſait pas naturelle dans une jeune-perſonne, ne ſavait que penſer. Il répondit à Léonore, qu'il ſe regarderait comme un monſtre, s'il ne s'efforçait pas de répondre à tant de bonté; qu'il lui demanderait à elle-même le temps, les moyens & la manière de s'en rendre digne. La Maréchale entra dans ce moment, pour dire à ſon fils, qu'on irait le lendemain à Verſailles, & que les articles ſeraient ſignés au retour. Enſuite elle conduiſit Léonore vers une croiſée, où elles s'entretinrent quelque momens, tandis que monſieur & madame d'E*** apprenaient au Vicomte, que la Maréchale avait exigé que le mariage fût célébré dans deux jours.

Monſieur de Th**, malgré ſa réſignation, ſa fermeté, ſon eſtime pour Léonore, ne fut pas auſſi tranquille, le ſurlendemain, qu'il ſe l'était imaginé, lorſqu'en s'éveillant le matin, il ſe dit: —C'eſt aujourd'hui que je m'engage; que je renonce à ce que j'eus de plus cher—. Il s'attendrit, ſoupira, & fit au fond de ſon cœur d'éternels adieux à la tendre Aglaé. Cependant, aux pieds des Autels, ſon image vint encore le troubler: Léonore elle-même, les traits de Léonore la lui rappelaient malgré lui. Lorſqu'ils eurent prononcé le ſerment ſacré, le Vicomte préſenta la main à ſon épouſe, pour la conduire à ſon prie-dieu: Léonore avança la ſienne ouverte, & reçut la main de ſon mari, qu'elle preſſa légèrement. Ce mouvement pénétra juſqu'au cœur du jeune de Th**, & le fit treſſaillir. Un inſtant après, il voulut ſe reprocher cet oubli de lui-même, mais la raiſon, le devoir & la Religion lui deſcillent les yeux; il ſent qu'il eſt obligé d'aimer celle qui vient de ſe donner à lui; que la piété filiale doit triompher d'un goût vif, d'un panchant plein d'appas, ſur-tout lorſqu'un objet auſſi digne de plaire, remplace celui qu'elle défend de deſirer.

Enfin, mon ami, pour ne plus vous tenir en ſuſpens, je vais abreger mille détails, & me hâter de vous dire, que le Vicomte partit pour retourner à l'armée, quatre mois après ſon mariage, laiſſant Léonore enceinte de notre charmante Aglaé, qui vint au monde pendant l'abſence de ſon père; que la jeune madame de Th** voulut qu'on la nommât *Aglaé;* qu'à ſon retour, à la paix de 17.., le Vicomte trouva ſa femme tendrement occupée de leur aimable, fille qui avait deux ans; que le lendemain de ſon arrivée, il y eut une grande fête chez la Maréchale, où l'on invita les parens & les amis des deux époux; (monſieur & madame de T***, mon épouſe & moi ne fumes pas oubliés); que monſieur & madame *S*** eux-mêmes s'y trouvèrent; & que, lorſque tout le monde fut à table, Léonore ſe fit apporter le beau diamant dont j'ai parlé, le remit à ſon époux, en lui diſant: —On me perſuade, mon ami, que je l'ai mérité : si vous êtes du même avis, que je le reçoive de votre main—. La surprise de monsieur de Th** fut extrême : il regardait sa mère, son *ami*, Agathe, & rougissait. —Elle l'a rendu, dit-il enfin! elle a eu raison ; voila celle à qui je dois tout—. En même-temps, il mit le diamant au doigt de son épouse, & la baisa. —Je l'emporte donc sur Aglaé, dit Léonore en riant. —Mon amie, répondit le Vicomte, je ne me permettrai jamais rien qui puisse faire croire que mon respect & mon estime pour Aglaé ayent souffert la moindre atteinte; je vous aime autant que je puis aimer : Aglaé ne vous ôte rien; mais les choses sont égales entre vous deux : ma tendresse pour vous ne diminuera pas mes sentimens pour elle; & je vous avoue que j'en suis moi même étonné. —Je veux pourtant faire pancher la balance, ajouta madame de Th**. —Oui, dit la Maréchale, il le faut—. Agathe venait de sortir; elle revint, un moment après, avec la petite *Aglaé* A la vue de cette enfant, qu'il idolâtrait, le Vicomte jète sur son épouse un regard plein de tendresse : Léonore la prend entre ses bras; Aglaé la caresse, & lui dit des douceurs enfantines : —C'est bien, c'est bien, petite flateuse, intérompit Léonore ; vous cherchez à me séduire, tandis que vous êtes ma rivale? —Quel badinage, mon amie? Mon épouse & ma fille ne sont qu'un pour moi; mon cœur ne les sépare pas. —Que difiez-vous donc tout-à-l'heure d'Aglaé? –Madame, .. mon amie, laiſſons, je vous prie, cette matière. —Pourquoi! je ſais qu'elle ne vous ennuie pas. —Il eſt vrai : tête-à-tête, les ſujets dont vous m'entretiendriez, me ſeront toujours agréables : mais devant cette reſpectable Aſſemblée ... —O mon ami! cette reſpectable Aſſemblée connaît tous nos ſecrets mieux que vous-même : croyez qu'il a falu des ordres bien révérés & bien précis, pour qu'une femme qui ne reſpire que pour vous, ait pu vous déguiſer quelque choſe. Cependant quatre années n'étaient pas un temps aſſez long... Mais j'étais changée, grandie; un autre habit, une autre condition... L'image de ce que j'étais d'abord, trop bien gravée dans votre cœur, vous empêchait de m'y recevoir moi-même—. Tandis qu'elle parlait, le Vicomte était dans la plus grande agitation : ſes yeux inquiets intérogeaient l'Inſtituteur, qui lui fit un ſigne d'aſſurance qu'il comprit. –Mon amie, dit-il à ſon épouſe, ſans-doute le moment eſt venu d'expliquer... mais mon eſprit ſe confond... ah! parlez... –Cher époux! il n'y eut jamais d'autre Aglaé, que votre fille : celle ... c'était ... Elle n'acheva pas, & ſe jeta dans les bras du Vicomte. Ils demeurèrent longtems embraſſés : quelques ſoupirs, c'eſt tout ce qu'on entendait. Enfin Léonore dit : —Je conçois comment il s'eſt pu faire que vous m'ayiez méconnue :

tout avait été ſi bien dirigé. —Vous, Aglaé! vous! ... O ma mère! ... ſi tendre, ſi ſenſible! ... Mon *ami !* homme généreux! ... vous ne m'avez pas trompé; c'eſt moi-même..... Oui, mon adorable épouſe, je vois les objets ſous un nouveau jour. Oh! que mes ſentimens pour vous ſont différens de ce qu'ils étaient il n'y a qu'un moment... Comment ai-je pu ... mais qui l'aurait ſoupçonné! ... juſqu'à ma fille, qui m'en devient plus chère ... ô nom cheri! Aglaé! —Mon ami, votre conduite a été la preuve que vous ne me trompiez pas, lorſque vous me diſiez un jour, dans ma jeuneſſe, *Aglaé, je ne ſais ſi vous êtes la plus belle des femmes; mais je ſens qu'il faut être comme vous pour être belle : vous êtes pour moi le modèle de la beauté.* —Tous mes devoirs ſont accordés! reprit-il! Eh! pouvais-je penſer que ma mère & le Guide ſage qu'elle m'a donné, m'en feraient violer quelqu'un! j'étais donc aveugle! Mes amis, c'eſt de ce jour, que mon bonheur commence; mais le temps qui l'a précédé, n'a pas été perdu. [Puis, s'adreſſant au comte & à la comteſſe d'E*** :] Je ſuis ſi troublé, que je ne ſonge pas à ce que je vous dois, monſieur & madame: vous étiez de moitié dans ce que l'on feſait pour moi; & mon bonheur eſt auſſi votre ouvrage : comment vous montrer tout ce que m'inſpirent vos ſoins généreux? —Ils ſont payés par la félicité de notre fille, mon

ami, répondit la comtesse, & par la tienne.
—Il me reste à demander comment tout a été conduit; car je ne comprens pas encore parfaitement comment mademoiselle *S*** est Léonore d'E***. —Je me charge de cet éclaircissement, mon ami, reprit madame de Th**: ceux qui nous honorent ici de leur présence, savent si bien tout cela, que la répétition en serait ennuyeuse.

Le reste du jour fut donné aux plaisirs. Le soir, lorsque Léonore se vit seule avec le Vicomte, elle lui fit les détails intéressans qu'il ignorait, en ces termes :

« J'avais dix ans, lorsqu'un jour la Maréchale & ton *ami* rendirent une visite à monsieur & madame d'E*** : mes sœurs & moi nous parumes devant eux; ils s'entretinrent long-temps, sans que nous les entendissions : ton *ami* s'en alla, & ta mère dîna avec nous. Je m'aperçus que j'excitais son attention, & j'en fus flatée; car je me sentais disposée à l'aimer. Après son départ, maman nous demanda notre sentiment à son sujet : chacune dit son avis; & le mien plut davantage à la Comtesse. Environ au bout de huit jours, vous-même vintes dîner chez mes parens. On nous avait préparées pour la petite fête que l'on vous donna : c'était moi qui fesais *Pâris*; ma sœur Adélaïde, la grâve *Junon*; Suzette était la fière *Pallas*, & Juliette représentait *Vénus*. Le lende-

» main ; ma mère envoya chercher mada-
» me S** dans sa voiture : il faut vous ap-
» prendre que cette Dame a toujours été fort
» aimée de ma mère, qui l'avait connue dès
» la plus tendre jeunesse, au couvent où
» toutes-deux avaient été élevées : depuis,
» la différénce de leur condition n'empêcha
» pas ma mère d'entretenir sa liaison avec
» elle, & de lui donner des marques d'esti-
» me & d'attachement. Lorsqu'elle fut ar-
» rivée, elles s'enfermèrent dans le cabinet
» de la Comtesse, où l'on m'introduisit,
» après un quart-d'heure de conférence : ma
» mère me dit qu'elle allait me confier à son
» amie pour quelque temps ; qu'elle me re-
» commandait de la respecter comme elle-
» même, & de lui donner le nom de mère
» comme à elle. Ensuite elle me prescrivit
» ce que je devais dire à ceux qui pourraient
» m'interroger, mit auprès de moi une de ses
» femmes pour me servir de Gouvernante,
» & me fit partir sur le champ. J'occupai
» chez cette honnête Bourgeoise la place
» d'une fille aînée, encore au couvent, dont
» l'âge était le même que le mien ; desorte
» que je passais réellement pour sa fille dans
» l'esprit de la plupart de ses connaissances.
» J'ignorais les motifs de la conduite qu'on
» tenait à mon egard ; mais j'obéissais sans
» répugnance ; & madame S** me rendait
» sa maison agréable. Ce fut après un mois
» de séjour, que je vous vis aux Tuileries.

» Je ne saurais vous exprimer combien les
» complimens que vous me fites, me fla-
» tèrent : ce que je puis vous dire, c'est, je
» crois, que je vous aimai dès ce moment.
» Vous vintes ensuite chez monsieur *S*** ;
» ni vous ni moi n'avons pas oublié ces
» temps heureux. Cependant la discrétion
» d'une enfant de l'âge que j'avais alors,
» pourrait vous paraître extraordinaire : ou-
» tre qu'elle était ordonnée, je ne pouvais
» être tentée d'y manquer; j'ignorais alors que
» ma naissance nous assortît davantage, &
» & j'avais une surveillante témoin de tou-
» tes nos conversations, que vous croyiez
» particulières : la seule qui ait été vérita-
» blement telle, c'est lorsque nous fumes
» un jour à la promenade avec Agathe & ma
» Bonne; & vous savez qu'elle ne dura guères.
» Vous allates à la guerre. Les regrets que
» votre absence me causa, firent craindre
» pour ma santé : madame la Maréchale en
» fut alarmée; elle voulut m'avoir auprès
» d'elle, m'apprit les motifs de sa conduite,
» & m'assura que nous serions réunis un
» jour. Ses soins maternels me tranquilli-
» sèrent : je me plus avec elle; je la regardai
» comme une seconde mère à moi, & sur-
» tout comme la vôtre; à ce titre, elle était
» à mes yeux une Divinité. Tous les jours,
» on m'entretenait de vous : la Maréchale
» m'instruisait de tout ce que vous fesiez &
» de ce que vous pensiez à mon sujet : Aga-

» the, d'un autre côté, me donnait les rai» sons de la conduite qu'on tenait à notre » égard; elle me fesait jeter un coup-d'œil » sur toutes les maisons de notre connais» sance, & me demandait quelquefois si je » voudrais ressembler à leurs maitresses, ou » que vous ressemblassiez aux maris de ces » femmes là. Je lui répondais que j'en serais » au desespoir. —Eh-bien, ajoutait mon » *amie*, ne soyez donc plus surprise que l'on » vous fasse prendre une route si différente » de celle qu'ils ont tenue avant leur ma» riage, puisque vous ne voulez & ne devez » pas leur ressembler après—. Ce fut elle qui, » six mois avant votre retour, m'expliqua » les vues de la Maréchale & de votre *ami*, » qui n'étaient que celles de votre père lui» même : elle me fit si bien comprendre l'im» portance des ordres de la Maréchale & des » conseils qu'elle-même me donnait, pour » votre bonheur, que je consentis & pro» mis de vous revoir avec une indifférence » apparente, & de vous mettre dans le cas » de recommencer à gagner mon cœur : les » degrés par où je devais vous faire passer, » m'étaient prescrits : dès qu'un mot de » plainte m'échappait, on me représentait » votre inconstance, & l'exemple des autres » ménages que j'avais sous les yeux. Vous » revintes; & ce qu'on n'avait fait que soup» çonner, arriva : mon *amie* me disait que » j'étais grandie & embellie au point de

» n'être plus reconnaissable pour ceux qui
» ne m'avaient pas vue depuis quelques an-
» nées : vous me prites, en effet, pour une
» jeune-personne qui ressemblait à votre
» Aglaé ; mais il ne vous tomba pas dans
» l'esprit, que la fille d'un Marchand, con-
» nue pour telle dans son quartier, pût être
» Léonore d'E*** : d'ailleurs, je ne me res-
» semblais pas entièrement. Je ne vous dirai
» rien du plaisir que la scène du choix pro-
» curait à mes parens, & à mes sœurs, dont
» vous avez su depuis que deux étaient ma-
» riées : à la vérité, lorsqu'on vit que vous
» ne m'aviez pas devinée, on ne put se dé-
» fendre d'un effroi sur le passé ; l'on s'ac-
» cusa d'imprudence ; & l'on n'aurait pas
» été si hardi, si l'on eût été sûr que je ne
» devais pas être reconnue. Juliette sur-tout
» badinait sur le ton que vous lui connaissez,
» devant le Comte, son mari : —Eh ! s'il
» m'eût choisie, nous disait elle, il aurait
» bien falu le prendre. En vérité, je m'é-
» tais proposée de renvoyer monsieur de J**
» tout-seul, de rester chez maman, & de
» faire à mon aise la fille à marier encore
» une couple d'années. C'est une si jolie
» chose, que de voir ramper à ses piéds nos
» tyrans, sur-tout quand on les connaît par
» expérience. Être veuve, ce n'est rien, ajou-
» tait-elle en riant ; on n'a pas le plaisir de
» se venger ; ils ne voient plus, ne sentent
» plus ; mais . . . . . oh la plaisante idee ! les
» Législateurs

» Législateurs sont des sots : s'ils s'entendaient le moins du monde au bonheur du » genre humain, ils auraient arrangé les » choses de façon qu'on pût être veuve du » vivant de son mari : ce serait l'intérêt général ; & vous verriez messieurs les époux... » Mon père l'interrompit, pour lui dire que » le divorce avait été sagement aboli ; que » s'il en résultait quelques abus, ceux de » la dissolubilité du mariage étaient plus » grands. Juliette, qui ne voulait que rire, » effrayée du ton sérieux de mon père, alla » l'embrasser, en lui disant : —Mondieu ! » papa, que ce mot *divorce* est laid ! il me » dégouterait de la chose—. L'erreur où » l'on vous voyait, changea le plan ; on me » laissa maitresse de ma conduite, excepté » seulement que je ne me ferais connaître » que lorsqu'on me dirait qu'il en est temps. » Mon père & madame la Maréchale me le » firent promettre : mais ils n'exigeaient pas » une obéissance aveugle ; ils m'en donnèrent les raisons, prises dans la parfaite connaissance qu'ils avaient du cœur humain : » —Puisque le hazard nous sert mieux que » toute notre prudence, me dirent-ils, il » faut en profiter : soyez sure que le moment » où votre mari saura que vous êtes son » Aglaé, effacera toutes les années qui se » seront écoulées depuis l'instant de votre » séparation, jusqu'à celui-là ; c'est telle qu'il » vous a quittée à treize ans, qu'il vous re-

» verra pour-lors—. Je ſuis maintenant con-
» vaincue de la vérité de cette aſſurance, puiſ-
» que vous avez dit que votre bonheur venait
» de commencer. Cependant combien de fois
» je fus tentée de me découvrir ! Je crois que
» ſans mon *amie*, je n'aurais pu réſiſter à
» l'envie que j'en avais : mais elle me ſoutint
» juſqu'à votre départ pour l'armée. Durant
» votre abſence, je me plaignais quelquefois
» à elle de la contrainte où j'étais retenue.
» A cette occaſion, elle me dit, entr'autres
» choſes : —Croyez-vous, madame, être
» la première, la ſeule dont on ait entrepris
» d'aſſurer le bonheur par l'art ? Cet uſage
» eſt ancien, & long-temps avant de connaître
» les autres ſciences, les hommes culti-
» vaient ce qu'on nomme la *Morale*, c'eſt-
» à-dire la ſcience de ſe bien conduire, dans
» une perfection dont on n'a pas même l'idée
» aujourd'hui. Mon mari dit qu'ils la ren-
» fermaient ſous les plus belles allégories,
» comme de placer la ſtatue de la déeſſe
» *Volupia*, ou du Plaiſir, à côté & ſur le
» même autel que celle d'*Angeronia*, déeſſe
» de la Peine & du Travail. Outre ces allé-
» gories muettes, les Mythologues en avaient
» imaginé d'autres; telle eſt l'hiſtoire de *Pſyché*
» enlevée par l'*Amour*: mon mari m'a montré
» dans ce ſeul trait, une foule de leçons en-
» châſſées avec un art infini & bien digne du
» Peuple le plus ſpirituel de l'Univers. D'a-
» bord *Pſyché* ſignifie âme; ils ont voulu faire

» entendre que le véritable amour donne plus » de plaisir par l'union des âmes, que par les » plaisirs des sens. Mais ce n'est pas-là le prin» cipal. L'*Amour* se cache de *Psyché*, & veut » n'en être connu qu'à-demi; il lui prédit que, » dès qu'elle l'aura vu tout-entier, il sera » forcé de disparaître. Quelle admirable le» çon pour les époux, & qu'elle est vraie! » Dans le physique comme dans le moral, » (ajoutait mon mari) jeunes épouses, n'al» lez jamais jusqu'à tout prodiguer : soyez » avares de vos charmes & de vos tendres sen» timens; faites les deviner, & ne les montrez » jamais à découvert; que votre bien-aimé » desire toujours quelque chose; ne ressemblez » pas à ces allées cordeautées d'un Parc, qui en » montrent les bornes, mais à ces routes courbes, » qui le font paraître immense, & vous empê» chent d'apercevoir que vous êtes dans un lieu » renfermé : jeunes époux, cachez aussi quelque» fois la moitié de votre tendresse... Voila ce qu'il » me disait. Vous êtes dans ce cas, madame, » plus heureusement que personne : votre mari » vous aime sans-doute, parce qu'il n'est point » d'homme dont le cœur pût se refuser à votre » mérite, en vivant avec vous, en vous voyant » tous les jours : mais il ne connaît pas encore » ce qui doit vous rendre bien plus aimable à » ses yeux : non-seulement vous êtes pour lui » dans une sorte d'obscurité, qui l'empêche de » savoir tout ce que vous valez; mais en vous » découvrant un jour, vous serez pour lui un

» nouvel objet, une maîtresse chérie, pleurée;
» vous êtes sûre de tenir en vos mains le plus
» heureux moment de sa vie : usez en bien;
» c'est un dépôt dont vous lui répondrez—...
» Elle me dit encore beaucoup d'autres choses
» que je tais. Je devins mère : je réalisai pour
» vous ce qui n'était qu'un nom supposé;
» je le fis porter à notre fille; car je vou-
» lais être comme vous, l'amante passion-
» née d'Aglaé. O mon ami! elle croîtra sous
» nos yeux; un jour, elle aura le même âge,
» les mêmes traits que j'avais, lorsque je vous
» plus; elle nous retracera vivement des jours
» pleins de charmes; elle les fera renaître »...

Le Vicomte attendri ne put s'empêcher ici d'intérompre son épouse, par de nouvelles marques de son ravissement : il ne voyait effectivement plus sa femme, ni Léonore d'E***; c'était Aglaé : ses sentimens reprirent cette force, cette vivacité qu'ils avaient eue lors de leur séparation; & ce charme, cette heureuse illusion n'étaient pas de nature à sa dissiper sitôt.

Vous savez, mon ami, combien leur union est heureuse : un fils, nouveau gage de leur tendresse, l'a couronnée; on lui destine pour épouse sa cousine & la vôtre, mademoiselle de J**, qui se nomme Juliette, comme sa mère. J'acheverai quelque jour de vous instruire de ce qui regarde toute votre famille, & ceux qui lui sont attachés par les liens de l'estime & de l'amitié.

Notre ami m'a remercié des lumières que je venais de lui donner ſur des perſonnes qui lui ſont ſi chères : Il m'a témoigné combien il ſentait croître pour elles ſon attachement & ſon reſpect, & s'eſt félicité de ce que la nature l'avait ſi bien ſervi, qu'il ne pouvait mieux ſe choiſir des amis vertueux, que parmi ſes parens. Enſuite il eſt venu m'embraſſer, tout attendri, en me diſant : —Mon papa, ſi vous aviez changé un nom, j'aurais cru être le héros du commencement de cette hiſtoire. Deſirée tendre, mais innocente... je la voyais ſous le nom d'Aglaé.

DIMANCHE, quatrième ſemaine.

Nous reçumes la viſite du père Touſſesjours, de ſa femme, & de l'honnête George. A dîner, nous eumes le Procureur & le troiſième de ſes fils nommé *Nicolas*. Je n'ai jamais vu de caractère plus extraordinaire que celui de ce jeune garçon : c'eſt un ruſtre d'environ ſeize à dix-ſept ans, impétueux, ſpirituel, mais timide, ou plutôt ſauvage ; il a falu nous l'amener de force. Son père saisit toutes les occasions de le familiariser avec le monde, & ne peut y réussir. Il s'est aperçu qu'il avait un goût très-vif, (afin de ne rien dire de plus) pour les femmes; il crut l'apprivoiser par elles; il s'est trompé : dès qu'elles approchent, il fuit, & ne se plaît à les voir, que lorsqu'il est bien sûr de n'en être pas vu. Lorsqu'il fut au milieu de nous, il tint ses yeux baissés, sans ôser les lever une seule fois, & rougissait à chaque mot que nous lui disions. Il n'est pas grand, il n'est pas beau; mais il n'est pas laid; ses cheveux sont châtins & bouclés; ses sourcils épais; son nez est aquilin, sa bouche grande; mais ses lèvres sont les plus appétissantes que j'ai vues à un homme, excepté Roger; ses yeux sont pleins de feu & d'intelligence; c'est ce qu'il a de mieux; s'il était de ville, & qu'il le sût, il ne les baisserait pas. Il a surement beaucoup mieux entendu que personne tout ce que l'on a dit à table; mais il n'a rien vu. Il répondait fort juste à toutes nos queſtions, mais préciſément à la queſtion, ſans ajouter un ſeul mot qui y fût étranger; & du reſte, il ne parlait pas. Roger s'eſt mis à côté de lui, & lui a montré tant d'affection, que le ſauvage en a été vivement ému; nous avons vu des larmes couler le long de ſes joues. Son père ne lui diſait que quelques mots fort doux. Nos deux aimables jeunes-filles ont d'abord jeté ſur lui quelques regards; enſuite elles n'ont plus ôſé; elles ſe ſont parlées à l'oreille, en ſouriant; & je ſuis bien trompé, ſi le timide garçon n'eſt pas plus propre à troubler leur repos que le fémillant petit-maître des villes; j'ai vu qu'il les intéreſſait. Dès que le jeune-homme a eu mangé, ſon père & nous avons eu pitié de ſa gêne; on lui a permis de deſcendre dans la cour; Roger l'a accompagné; ils ont paſſé dans le jardin; & nous nous ſommes donnés le plaiſir de les obſerver. Nicolas n'était plus honteux avec Roger, qu'il avait déja vu dans la ſemaine; l'égalité d'âge & de condition l'a familiarisé. Notre ami lui témoignait beaucoup d'égards. Il y a répondu de la manière la plus vive & la plus cordiale : mais ce qui nous a étonné, c'est qu'il ne parlait point du-tout le langage grossier de S**; il se servait d'un vieux français, tel qu'il était en usage il y a deux cents ans, qui avait beaucoup de grâces dans sa bouche. J'ai demandé l'explication de ce phénomène à son père : il m'a fait là-dessus l'histoire de cet enfant extraordinaire, & m'a appris qu'il aimait passionnément la lecture; qu'il y donnait tout le temps qu'il pouvait dérober à ses occupations; que n'ayant sous sa main qu'une Bible gauloise de 1551, le Plutarque d'Amyot, des vieilles Vies des Saints, &c. il en avait pris le langage, & le parlait dans la perfection que nous admirions. Il nous fit ensuite la peinture de son caractère, & de la nature de son tempérament. —Il porte, nous dit-il, la sensibilité à l'excès : outre qu'il ne peut voir de sang couler, sans s'évanouir comme une femme, il ne saurait lire ou entendre le récit de certaines maladies, ſans que le même accident lui arrive; & ce n'eſt pas un feint évanouiſſement, c'eſt un état de mort, qui dure juſqu'à ce qu'on l'ait ſecouru, en l'agitant avec violence. Il ne ſerait pas difficile de le faire mourir par un ſimple chatouillement: une de ſes ſœurs, en jouant avec lui, fut un jour très-alarmée de le voir tomber ſans connaiſſance à ſes piéds, après un éclat de rire: un coup, ſur une partie ſenſible, comme l'os de la jambe, ſans être aſſez fort pour bleſſer, produit le même effet. Son imagination eſt ſi vive, que c'eſt toujours par elle qu'il faut commencer ſa guériſon; la ſeule idée d'une veine rompue pourrait le faire évanouir & même mourir; nous en avons eu des preuves. Du reſte, il eſt d'un tempérament de fer; il eſt fort, & dépaſſe à la courſe tous les jeunes-gens: il craint les chiens juſqu'à la puſillanimité; un jour qu'il en était pourſuivi, nous l'avons vu les devancer & leur échapper par l'agilité de ſes jambes. Sa mémoire eſt prodigieuſe : ſi vous voulez, nous allons lui faire répéter ſa dernière lecture, fût-elle de cinquante pages ; il ne manquera pas au ſens, quoiqu'il change ſouvent des mots. (Nous en fimes l'épreuve une heure après ; & le jeune-homme nous récita quatre pages de l'*Ancien Praticien-Français*, qu'il avait lues le matin, ſans oublier une phraſe eſſencielle.) Son caractère eſt l'emportement & la ſenſibilité ; & tous deux ſont extrêmes : il faut le voir pleurer, lorſqu'il lit les Lamentations de Jérémie, & quelques-uns des Pſeaumes, ou la Vie des Martyrs. Son orgueil eſt ſans meſure ; il n'eſt à ſon aiſe qu'où il prime en tout : un inconnu l'effraye, juſqu'à ce qu'il l'aime, ou qu'il l'ait ſurpaſſé. Il eſt excellent ami : nous l'avons vu s'attacher à un jeune-garçon d'ici, qui ne le payait ſouvent que de trahiſon, & lui tout paſſer, mettre ſa joie à lui faire plaiſir, ſans s'embarraſſer de ſa reconnaiſſance. Il aime les femmes ; j'ai ſurpris quelques-unes de ſes penſées qu'il avait couchées ſur le papier, en eſpèces de rimes meſurées, dont les expreſſions étaient brûlantes; je les ai ſupprimées, ſans lui en parler. Le voila tel que la Nature l'a formé : je voudrais ôter les défauts, ſans toucher aux qualités qu'ils relèvent—. Je me ſuis étendu ſur ce caractère, ma chère Deſirée, parce qu'il eſt extraordinaire & vrai, puiſque j'ai le jeune-homme ſous les yeux, & parce que je le regarde dans le moral, comme ſont dans le phyſique ceux qui ont les veines & les muſcles à fleur de peau; ils ſont excellens pour ſervir d'*étude* aux jeunes Peintres. Ce jeune-homme eſt tout ce que ſont les autres; mais il l'eſt plus fortement : je me propoſe de m'en charger; de le diriger, & de me ſervir de lui comme d'une bouſſole, pour régler ma conduite envers mes enfans, & même envers tous les hommes : c'eſt un excellent thermomètre moral qu'un homme de cette trempe (*).

Roger goutait extrêmement Nicolas; ils paſſèrent la journée enſemble avec Georges. Les deux jeunes-

(*) On doit trouver ailleurs la ſuite de ſon hiſtoire.

filles étaient descendues dans le jardin, en-même-temps que ce dernier; elles n'y demeurèrent qu'un instant, parce qu'elles s'aperçurent que leur présence effarouchait tellement le fils du Procureur, qu'il n'ôsait bouger d'un coin où il s'était retiré, lorsqu'il avait entendu la porte s'ouvrir. Cependant (& j'admirai leur retenue) elles ne nous dirent pas, à leur retour, ce qui les obligeait de revenir; ce fut de Roger que nous l'apprîmes.

Après les Vêpres, le Curé nous rendit visite avec son Maître-d'École. Quoique vous les connaissiez, je ne laisserai pas de les esquisser ici. Antoine F**, Curé de S**, est né à trois lieues du sol où il est Pasteur: il a été élevé dans la fameuse communauté de *Sainte-Barbe*, qui nous a donné tant d'Ecclésiastiques méritans. Il est savant, plein d'esprit, fait pour gouverner, & possédant le grand art d'imposer le respect. Il est adoré de ses Paroissiens; ils se mettraient au feu pour lui; tous le craignent comme un maître, & l'aiment comme un père. A ce portrait, vous allez croire, ma Fille, qu'il a des mœurs pures. Cependant il n'en eſt rien : bien-plûs, on le ſait, & l'on ne ſecoue pas le joug du reſpect & de l'amour qu'on a pour lui. Je ne l'aurais pas cru, ſi je ne l'avais vu. Ce Prêtre a toutes les vertus morales ; il eſt ardent ami, ſage, prudent ; homme aimable, amusant juſqu'à ſéduire ; attaquant plaisanment, & ridiculisant les vices nuisibles à la ſociété, avec un ſel que je n'ai trouvé qu'à lui, mais ne designant jamais les Vicieus, ſ'interdisant la plus légère médisance : il eſt bon Curé ; remplit ſes devoirs extérieurs avec un ordre, une exactitude qu'on ne peut ſe laſſer d'admirer ; décent, majeſtueus dans les fonctions du ſacerdoce, il inſpire la vénération : les autres devoirs de Paſteurs ne ſont pas négligés ; il ſert chacun en particulier, & la Paroiſſe en général : il visite les Pauvres, les ſoulage avec un zèle infatigable... Que manquait-il donc à ce Paſteur ? D'avoir l'eſprit de ſon état.... Mais je vais paſſer à ce qui vous regarde.

Ce fut alors que vous arrivates à S**,

ma chère Fille, votre Mère & vous. Avec quel plaisir vous futes reçue! Je me rapelle le moment où Roger apercevant à la porte de la cour deux Paysanes charmantes, ſe leva précipitament, & comme par inſtinct; il les regardait ſ'avancer vers nous, & demeurait immobile; ſes genous tremblotaient. Je lui pris la main, en lui disant: —Mon Fils, c'eſt ma Femme & ma Fille--. A ces mots, qui l'éclairent, il ſ'élance, & va ſe jeter dans les bras d'Hélène. Enſuite il vint à vous, mais d'une manière plus timide: —Mon ami, lui dîtes-vous, que j'ai de plaisir à vous revoir! —O Desirée! quel bonheur--!... Ce fut-là tout ce qu'il répondit; ſes yeus exprimèrent le reſte. Roger ne pouvait ſe laſſer de vous admirer ſous cet habillement, & je vous avouerai qu'il vous alait à-merveilles; que jamais votre beauté ne fut ſi piquante, votre taille ſi bien deſſinée; il n'eſt pas juſqu'aux ſabots à talons élevés, artiſtement faits, qui n'euſſent une grâce particulière. Roger remarquait tout cela. Jeannette & Claudiche elles-mêmes vous donnaient des louanges ſincères & naïves; la dernière vous demanda bonnement de lui montrer comment vous fesiez, pour que des habits tout-ſemblables aux ſiens, fuſſent cent-fois plus ſéyans ſur vous que ſur elle : Puis regardant Roger, elle lui dit à-mi bas : —Oh! que vous avez raison, Roger--!

Après que nous eumes conſacré les premiers jours au plaisir de nous revoir, nous établimes une règle pour l'emploi du temps. Il fut partagé entre le travail, la lecture, la récréation & les Entretiens : j'ôse vous aſſurer, ma Fille, que ſi les devoirs de notre condition ne ſ'y fuſſent oposés, je ne quittais plus cette vie laborieuse; jamais je n'en menai de plus agréable, de plus heureuse. Il me ſemblait que j'étais un de ces anciens & vertueus Romains, qui, à leur retour des champs, trouvaient un repas frugal, préparé des mains d'une Compagne reſpectable & chérie, aſſaisoné par le travail & par la joie. Mais ces jours étaient trop doux, trop ſereins; il ne m'a pas été permis de les prolonger:

l'Homme-ſocial ne doit goûter que les biens de la condition où il eſt né; ceux des autres lui ſont interdits, à-moins qu'il n'en embraſſe en-même-temps les peines : j'avais à S** les plaisirs, la tranquilité du Paysan qui eſt à ſon aise; mais je n'en avais ni les inquiétudes, ni les besoins; en-même-temps que j'étais libre de cette gêne qu'impose notre condition. Point de milieu, il falait ou que je renonçaſſe à ma fortune, ou que j'en remplîſſe les devoirs difficiles, pénibles; ce n'eſt qu'à cette condition que la ſociété tolère le Riche.

Quelque temps après votre arrivée, ma chère Fille, un jour que nous étions tous raſſemblés, je crus devoir vous faire un récit que je promettais à Roger depuis longtemps : Ce fut à lui que j'adreſſai la parole, en ces termes :

FIN du Tome Second.

www.ingramcontent.com/pod-product-compliance
Ingram Content Group UK Ltd.
Pitfield, Milton Keynes, MK11 3LW, UK
UKHW020555180726
13838UKWH00001B/262

9 782329 349169